誰もが難民になりうる時代に

福島とつながる京都発コミュニティラジオの問いかけ

宗田勝也

現代企画室

カバー写真：　新井卓《2012年10月14日、縛られた手の祈り》
《2013年1月8日、東京、渋谷》

装丁デザイン：　上浦智宏（ubusuna）

目次

はじめに　難民問題と「福島」

難民問題専門ラジオ番組
〈難民ナウ！〉

この本は、京都市中京区にあるコミュニティＦＭ局のラジオ番組という、きわめて小さな営みからの問いかけである。「難民問題を天気予報のように身近なものに」という願いを込め、２００４年から現在も放送されているその番組〈難民ナウ！〉は、日本で唯一の難民問題専門の情報番組で、毎回の放送のエンディングで繰り返していたように、「世界中の子どもたちが、少なくとも自分の家で安心して眠れる日」を夢見て制作されてきた。難民として日本に逃れてきた人や、国内外で難民支援の活動をしている人、難民問題の研究者など、５００人を超える人々にインタビューし、それを放送してきた。その活動の中で、番組の制作グループは2つの問いを抱えた。「そもそも難民とは、誰のことを指すのか」、そして「難民問題を天気予報のように放送する自分たちは何者なのか」という自問だった。「難民問題」が、「難民（の）問題」から「難民（を取り巻く私たちの）問題」へと形を変えたのである。

その答えを探している最中、2011年3月11日を迎えた。「3・11」は、日本の難民問題をめぐる状況に、根本的な転換の糸口を与えている。それは、これまでの難民問題と日本社会との圧倒的な距離感が動揺したためだ。東日本大震災および東京電力福島第一原子力発電所（以下、福島原発）の事故によって、東北地方に「難民のような」状況に置かれた人々が突然あらわれたのだ。どこか遠くで起こっていること、自分たちの身の上には絶対に起こり得ないこと、という認識を持たれがちだった難民問題が、突如、「明日は我が身」という厳しい現実として、一人ひとりに突きつけられたのである。こうして、〈難民ナウ！〉が抱いた問いは、「難民（にいつでもなりうる存在としての私たちの）問題」へと接続された。

〈難民ナウ！〉がインタビューを行ってきた人々のなかでも、例えばアフリカ・ウガンダから難民として日本に逃れてきた、アントニー・ナニュンバさんは「今まで難民は日本人にとって遠い存在でしたが、東日本大震災によって、誰もがいつでも難民になりうるということが明らかになりました」と語った。また、日本人初の宇宙飛行士で、福島を追われた秋山豊寛のように、自らを「原発難民」と名乗る人々もあらわれた。日本に暮らす人々と「難民」の距離は接近しているのである。

自分たちがいつ難民になるか分からない状況の認識は、日本社会にあって不可視化されてきた構図を直視する可能性に結びつく。それは、日本が難民鎖国であり続けた理由であるとともに、原子力発電所（以下、原発）設置の過程であり、現在、福島で行われている施策そのものだ。ここでの不可視化とは、特定の社会構造の中で、当事者には見えているものが、それを取り巻く人々には見えないという状況が創り出され、再生産され続けることを指す。それに目を凝らして次の一手を考えるか、さらに目をそらせるかが、私たちに委ねられている。

ただし、信頼しているものについて、立ち止まり考え直してみることは容易ではない。一般的に親や教師は信頼すべき対象ではあるが、いつも正しい行いをとり続けるとは限らない。これは対象を広げて、過去の公害問題などに目を向けても同様である。大企業や国が言うのだから間違いはないだろうという、なんとなくぼんやりとした信頼への裏切りは、歴史の場面においてしばしば見受けられた。それでも親や教師、国や大企業が誤ったことを言い、正しくない行為をしているのではないかと立ち止まり、考えることは思いのほか難しい。行動に移すことがさらに難しいことは言うまでもない。

卑近な例で言えば、歯痛を覚えても歯科医に行くのは億劫だという人は多いだろう。わざわざ保険証を用意し、電話で予約を取り、待合室で長時間待たされ、そのあげくに虫歯だと宣告されて、痛い思いをして歯を抜かれたりする。それよりは痛いのを我慢して、虫歯が悪化するに任せてしまう。――それと似て、放射能の危険性を感じてはいても、あえて何らかの行動に出て、今まで慣れ親しんだ生活を全部ひっくり返してしまうことには抵抗感を覚える、という人は少なくないはずだ。その問題がただちに命に関わるとは考えにくいため、なおさらである。

いくつも例を挙げて強調するのは、こうした「卑近な困難」に立ち向かうことこそ、震災、原発事故から2年半が経った今、私たちにとって重要だと思うためである。なぜなら、私たちはときに大きな問題さえ「卑近な困難」のなかに回収してしまうということを、難民問題に関わる中で感じてきたからである。

この本は、その小さなラジオ番組の活動を丹念にたどることを通して、難民と福島に共通する、私たちに不可視化されてきたものを掘り起こし、「置き去りにされつつある問題」すなわち「子どもの安全」に、粘り強く踏みとどまって考えることを目的としている。

以下、この本の流れを説明する。全体は、4つの章で構成されている。冒頭に「難民とは誰か」を国際法の観点から確認した上で、福島の人々を取り巻く「暴力」と、その暴力からの自由を求める動きが、難民とどのように結びつきつつあるのかを見ていく。そして、

る時代の具体的な行動について考える。〈難民ナウ！〉が呼びかける「潜在的難民」という言葉を手がかりに、誰もが難民になりう

あらかじめ確認しておきたい。この本で取り上げる「潜在的難民」という言葉は、例えば福島原発の事故の影響で避難を余儀なくされる可能性が高い人々など、困難の近くにいる人々に貼るレッテルではない。むしろ、困難に直面していない（ように見える）人々を指している。そうした人々が「卑近な困難」を直視し、「遠くの悲しみ」に関わる手がかりとして投げかけられたものなのである。この言葉は、私たちの生活をきわめて脆弱な基盤の上に置いていた社会の責任を照らし出すと同時に、ある人たちの生命を、さらに脆弱な基盤の上に置いていた私たち自身の責任の所在を照らし出す。これまで、難民問題をめぐっては、ともすれば「支援する／される」という二分法が成立しがちだった。しかし、「潜在的難民」という言葉に着目することで、難民や難民のような状況に置かれた人々と、「支援する／される」関係を超えた関わりを結ぶ可能性が視野に入ってくるはずである。

震災、そして原発事故が起こったとき、「何かできるのではないか」と心のどこかで思いながら今に至っている人、あの時に感じた焦燥感が忙しい日常生活の中で少しずつ薄れつつある人に、とくに手にとってほしい。

序章　「難民」と「潜在的難民」

タイ・ビルマ（ミャンマー）
国境の難民キャンプ

「難民」とは誰のことか

難民と「福島」を考えるこの本の前提として、そもそも「難民」とは誰を指すのかを整理しておく必要があるだろう。

国際法上の「難民」(refugee)とは、1951年に国連で採択された、「難民の地位に関する条約」(以下、難民条約)第1条A(2)で「人種、宗教、政治的意見、ある特定の集団に属するなどの理由で自分の国にいると迫害を受けるか、迫害を受ける十分に理由のある恐怖を有するために、他の国に逃れた人」と明確に定義された存在である。しかしながら、この概念の適用範囲をめぐっては議論が絶えない。「難民」というカテゴリーの設定は、誰を救済するのか/しないのか、という「排除の枠組み」の設定でもあるからだ。以下では、この概念の成立の歴史と、適用される対象が拡大する方向にあることを手短に見ておきたい。

20世紀ヨーロッパで生まれた「難民」

難民概念の発生は、「国民国家」や「国民」というカテゴリーの発生に対応している。[*1] 第一次世界大戦中、ヨーロッパ諸国は、自分たちの国の領土に生まれた市民と、そうではない帰化市民とのあいだに境界を引くという国民国家の主権を行使した。自らが生活する国の中で、民族的出自により敵国人と位置づけられることを恐れた人々が、自ら無国籍者となることを選んだ。こうした動きは、第一次世界大戦後のヴェルサイユ条約体制の「民族自決権」の理念による国家民族と少数民族という差別化の中で加速した。そしてロシア革命を逃れたロシア難民100万人以上の各国への大量流入が契機となり、難民の国際的保護制度が史上初めて設定された。1921年に、ロシア人難民を対象として国際連盟の下に設置された「難民高等弁務官」(High Commissioner for Refugees) 制度である。初代難民高等弁務官には、かつてフラム号で北極を目指したノルウェーの著名な探検家、フリチョフ・ナンセンが任命された。１９２２年、ナンセンは難民の法的保護を確立するための旅行・身分証明書、いわゆる「ナンセン・パスポート」を創設し、大規模な難民支援を実現した。その後、時が流れ、ヒトラー政権のドイツとその影響下の各国から、大量のユダヤ系難民が世界各地に流入した。当時のジェームズ・マクドナルド難民高等弁務官は、ナチ政権によるユダヤ系住民に対する迫害を停止させるため、ヒトラー政権に対して難民流出の原因となる政策そのものを中止するよう要請した。しかし、イギリスやフランスが、共産主義に対抗する力を温存させるという理由でナチ政権に対して宥和政策をとったため、要請は無視された。そしてナチ政権の迫害は、強制収容所へとつながっていったのである。第二次世界大戦は、国際難民制度に大きな影響を与えた。欧州での避難民に対処するため、連合国は１９４４年、「連合国救済復興機関」（the United Nations Relief and Reconstruction Agency：ＵＮＲＲＡ）を設置した。ＵＮＲＲＡは、救援活動を組織し、大量帰還と定住を目的としたが、冷戦による緊張のもと十分な活動ができず１９４７年に活動を終了した。

戦後、欧州には、難民キャンプに取り残された150万の人々や、社会主義化した東欧諸国から出国する人々が存在したため、国連の一時的な政府間機関として、1948年に「国際難民機関」(the International Refugee Organization：IRO)が誕生した。

ナチ政権による迫害を逃れようとしたユダヤ系難民の保護について、国際社会および各国が冷淡な対応をしたことへの反省は、1948年12月10日に開催された国連総会での世界人権宣言採択に至る。しかし、この宣言は、出入国管理に関する主権的権利を固守しようとする多くの国による、「世界人権宣言上の庇護原則は法的拘束力を有しない」という消極的理解のもとで骨抜きにされてしまった。一方で、戦後数年を経ても125万に及ぶ難民が欧州に留まっているという問題に対処するため、1951年1月、IROから業務を引き継ぎ、常設の組織として「国連難民高等弁務官」(United Nations High Commissioner for Refugees：UNHCR)事務所が設立された。同時に、1950年に採択された国連総会決議にもとづき、1951年7月に難民条約が採択された。さらに

1967年にはこの条約を補足する「難民の地位に関する議定書」が採択された。

難民条約第1条では、難民を「その権利が侵された個人」とし、迫害からの逃亡という観点から、普遍的な難民の定義を与え、この問題の永続性を認めた。また、「彼の以前の居住国の外にいる人」という新しい要素を導入した。迫害の恐れのある国に難民を送還しない「ノン・ルフールマン原則」をはじめ、難民の基本的権利（信教や移動の自由、就労や教育の権利等）について定めており、世界147ヵ国が加入している。また議定書は、難民条約が「1951年1月以前に発生した欧州の難民」に限るとしていた時間的、地理的制約を外し、UNHCRの普遍的な活動を可能にした。ここに難民の定義、すなわちどのような人を救済する／しない、という枠組みが規定された。

「難民」の意味の広がり

難民の定義自体が、第二次世界大戦後の共産主義国からの難民に対処することを意図した「冷戦の産物」であるという側面を持っていた。そのため、1960年代に入ると、アフリカ諸国で発生した難民問題に対して、難民条約の枠中で、これらの人々を「難民」とするのは不可能になった。「迫害」は、国家が市民に保護を与えられない国々での天災の犠牲者、経済的、社会的迫害と戦争の影響を被った人々を除外していたのである。こうして「難民」概念は必要に迫られて拡大していく。

1969年の「アフリカにおける難民問題の特殊な側面を規律するアフリカ統一機構条約」では、難民の定義に「外国の侵略、占領、支配、内戦、公共秩序を深刻に妨害する出来事」が含まれた。また、1984年の「難民に関するカルタヘナ宣言」は、「生命、安全あるいは自由が、一般的な暴力、外国からの侵略、内戦、人権の大規模侵害か公共秩序を著しく乱す状況により、国を逃れた人」を難民と位置づけた。現代において、条約難民に該当しない第三世界の人々や、東ヨーロッパでの内戦を逃れた人々は、逃亡の動機が複雑で、国際社会が必ずしも適切な救済措置をとれるわけではない。また性別にもとづく迫害についても、1985年にUNHCR執行理事会（EXCOM）が、女性を難民条約の迫害の定義にある、「特定の社会集団の構成員」に入ることを認めてから、「ジェンダー（性差）にもとづく迫害」を難民認定理由として取り上げる議論が盛んになっている。このように難民と定義される人々の範囲は、時間的、地理的、質的に広がっている。さらに、UNHCRそのものが、難民条約とは異なる独自の規程を作成しながら、その配慮と支援の対象者を広げている。「難民」に加えて、「庇護希望者」（国外に脱出し、難民条約等に依拠した難民認定を望んでいるものの、まだ認定が得られない人々）、「国内避難民」（難民条約等の定める難民と同じ状況に置かれてはいるが、国境を越えられなかった人々）、「帰還民」（自国に戻ったものの、支援の継続が必要な元難民や元庇護希望者）、「無国籍者」（どの国家によっても法的にその国民と認められない人々）――も、UNHCRが配慮し支援すべき人と位置づけている。

そして、この本が着目する動きがある。それは、難民の概念を、人間が人間らしく生きるために最低限必要とする「ニーズの喪失」と、「国家の保護の喪失」という観点から考えようとする動きである。例えば、単にニーズが満たされず困っている人というだけではなく、そこに国家による保護が期待できないという条件が重なり、国際社会に援助を求めるしかなくなった時に、その人々は難民と呼ばれる。「強制移動」という観点から難民問題を論じる小泉康一は次のように述べる。

〔市民は、国家への忠誠と引き換えに〕政府が我々市民の物理的安全保障と生存と政治参加の自由と移動の自由を最低限度、保証するのを期待している。〔中略〕難民は、これらの最少の絆が断絶した時に生れる。*2

難民概念は、それを定義する国際条約の条文を尊重しつつも、現代社会の人の移動の複雑化に対処しなければならないため、多様な解釈の試みが重ねられている。そして政治的迫害のみを根拠とする定義から、より広い定義へと拡大する方向にあるのだ。*3

ＵＮＨＣＲが２０１３年６月に発表した『年間統計報告書』によれば、難民は、２０１２年末に、世界で約１５４０万人となり、２８８０万人に及ぶ国内避難民や93万7千人の庇護を求める人々を含めると、４５２０万人以上の人々が強制的に生まれ育った土地を離れなければならない状況に追い込まれた。２０１２年だけで、４・１秒ごとに新たに難民、国内避難民となった人がいたことになる。さらに２０１３年5月には、シリアの内戦による難民が１５０万人を超え、マリ、南スーダン、コンゴでも緊急事態が発生するなど、ＵＮＨＣＲは「支援能力を超えつつある」と警鐘を鳴らしている。

では、日本社会は「難民」とどのように関わってきたのだろうか。次にこの点を見ていきたい。

日本社会は難民をどのように扱ってきたか

難民キャンプに帰りたい。

これは、２０１０年から日本政府がパイロットプロジェクトとして開始した、第三国定住プログラムによって日本にやってきたビルマ（ミャンマー）*4難民の言葉である。

第三国定住は、難民にとって出身国への帰還や、最初に逃れた第一庇護国での統合が困難な場合に、出身国から数えて第三番目の国が新たな庇護国として難民を受け入れることを指す。現在、世界で22の国が第三国定住の受け入れを行っており、ＵＮＨＣＲは、本国への帰還、最初に庇護を求めた国での定住と並び、難民問題の恒久的解決策の一つとして位置づけている。日本でもこのプログラムの推進が図られているが、後述のように、それは多くの課題を抱えた船出となった。日本政府は、難民条約加入30周年にあたる2011年、衆参両院で「難民の保護と難民問題の解決策への継続的な取り組みに関する決議」を全会一致で可決している。にもかかわらず、なぜ日本社会は難民を受け入れることに失敗を重ねるのか。それを明らかにするため、日本社会における難民受け入れの歴史を振り返りたい。それは、一言で表せば「実験場」のような対応の歴史である。

今も続くインドシナ難民の定住問題

日本は、第二次世界大戦前のきわめて限定的なユダヤ系難民の受け入れなどを除けば、1970年代から2005年まで続いた「インドシナ難民」、1981年の難民条約加盟に伴う「条約難民」、そして2010年から「第三国定住プログラムによる難民」を受け入れてきた。

UNHCR駐日事務所によれば、日本は、国連が行う難民支援に関しては、米国に次いで2番目の資金拠出国として貢献している。[*5] 一方、日本国内における難民支援に関しては、厳格な難民認定基準、さらには難民認定者や難民申請者に対する支援が不十分であること、長期収容の問題などを理由に、長年、国内外から「難民鎖国」と批判されてきた。

難民研究フォーラム座長の本間浩は、日本は、社会一般において「難民問題は縁遠く、1951年に国連全権会議で採択された難民条約に関心が寄せられることもほとんどなかった」とする。その背景として、「在日外国人の人権の尊重についての、社会一般における意識の低さ」を指摘している。[*6]

日本社会が、最初に直面したのはインドシナ難民である。インドシナ難民とは、ベトナム、ラオス、カンボジアが社会主義体制に移行した際、新しい体制のもとで迫害を受けることを怖れ、小さなボートで海上に逃れたり、陸路で隣国へ逃れた約144万人の人々を指す。日本では、1万1319人を受け入れた。しかし、インドシナ難民の定住支援を行った難民事業本部の関係者から国際的にインドシナ難民問題はほぼ終息したが、日本国内の定着問題というのは全く終息していない。*7

という声が聞かれたように、問題は今も継続している。

例えば、神戸で暮らすベトナム難民のAさんは、当時の状況を振り返り、日本語教育の不足とともに、日本社会が情報を十分に提供しなかったことを大きな問題の一つとして挙げた。子どもを学校に行かせたいと思っても、そのために設けられた支援制度がありながら、その手続きの方法がAさんに伝えられていなかった、などといったことの積み重ねである。日本語が十分に理解できないまま社会に放り出された難民たちは、理解のある雇用主や支援者に出会うかどうかに人生が左右されるというような不安定な状況に置かれた。インドシナ難民をめぐっては、たびたび受け入れ体制が十分ではなかったと言われる。政府も国民の大多数も「難民」がどういう人たちであり、どう処遇すべきか、その後、どうなっていくのかについて、前もって必要な知識と方針が十分ではなく、きわめて不鮮明であったというのである。ここには「制度」と人の「生」を混同したまま、失敗してから対応するという実験場のようなやり方があった。「経験がなかったから」という言葉で済まされてはならない問題であることを強調したい。特に、インドシナ難民を受け入れはじめて30年以上が経過した現在、第一世代の老後の健康の問題や、年金の問題が浮上している。高齢化は「制度の未整備」では片づけられない問題である。いま、難民が置かれている不安定な立場は日本社会に暮らす私たちの未来図でもあると言えるだろう。

不充分な条約難民の認定

日本の難民政策は１９８１年の難民条約加盟によって再び大きな転機を迎える。条約加盟によって、従来の「出入国管理令」は「出入国管理および難民認定法」に改正され、難民認定業務は法務省入国管理局の管轄となった。

しかし、難民条約加入後の30年間に、受け入れ数が約600人と、他の先進国に比べて桁違いに少ない。移民の歴史を有する国々と簡単に比較はできないが、例えば2012年の日本の難民認定者数18人に比べ、米国は2万3512人（2011年）である。日本は難民が存在していないように見える社会、と言えるかもしれない。

事実、1990年代は難民認定数がほぼゼロという状況となっていた。この「『ゼロ難民』行政」は国内外から強く批判された。閉鎖性を擁護する政府の論点は、第1に「国家・国民の利益擁護」であった。第2に「国土が狭い、人口密度が高い、単一民族である、といった日本の特殊性」が強調された。第3に「日本に定住することが難民自身の幸福にとって好ましくないとの議論」が提示された。そして第4に「日本は既に難民の人権擁護という責務を果たしていること、すなわち米国に次ぐ第2位となる巨額の拠出金をUNHCRに提供しており、その意味で既に国際基準を超えているという解釈」であった。[*8] だが、日本政府はUNHCRに拠出する事業費は多いものの、提案などに対しては、必ずしも協調的な姿勢をとってきたわけでもない。ＵＮＨＣＲ駐日事務所が２００５年に策定した、日本における現行の庇護申請手続きに関連のある原則について、適用可能な国際基準および個別の庇護申請手続きに関する国家慣行を解説した「公正かつ効率的な庇護申請手続き：適用可能な国際基準の非包括的概観」に対して、日本政府は「勧告的効力しかない」と背を向けている。

とはいえ、１９９０年代と比べて、２０００年代には難民申請者数そのものは大きく増加した。２０１２年の難民認定申請数は過去最高の２５４５人である。出な国籍は、トルコ（４２３人）、ビルマ（ミャンマー）（３６８人）、ネパール（３２０人）、パキスタン（２９８人）、スリランカ（２５５人）など30ヵ国にのぼり、ナイジェリア（１１８人）、ガーナ（１０４人）、カメルーン（58人）などアフリカ諸国も増加している。そして、２００３年以降は、ビルマ（ミャンマー）出身者以外が難民認定されることはほぼ不可能に近い状況となっている。さらに法務省入国管理局が発表した、２０１２年の難民認定統計によると、難民認定数は18人である。このうち、一次手続の認定は2人で、処理数に対する認定率は0・09％と過去最低水準となった（異議申立手続での処理数に対する認定を合わせると0・56％）。難民の人権を守ろうとする弁護士グループ「全国難民弁護団連絡会議」は、0・56％という難民認定率は他の先進国の水準を著しく下回っており、「日本における難民認定制度は、もはや機能していない」と厳しく批判している。

認定後も、不十分な日本語教育、就労や医療の不安など、生きていく上で基本的に必要なものの保障が不足している。さらに、難民申請者は、働くことが認められていないことが多く、政府から支給される保護費が唯一の命綱となる。そして「長期収容」の問題がある。難民申請者が、入国管理局によって入国管理センターに収容される場合があるが、母国への送還は本人の同意が必要となる。母国で迫害を受けると主張し、送還を拒む場合は無期限の収容が続くのである。難民として庇護を希望する人々が、不法滞在者と同じように、出身国への送還を前提とした施設に収容されてしまうことに、ノン・ルフールマン原則に違反するのではないかと批判が集まっている。さらに２０１０年に起こった被収容者のハンガーストライキや、支援者からの長期収容への抗議を背景に増加した「仮放免」について、生きていくための術が奪われたまま社会に置き去りにされている、として難民申請期間中の就労権等の付与を求める声もある。

難民認定数が少ないことに加え、難民、難民申請者が直面するこのような就労や医療へのアクセスの障壁、長期収容の存在などは、地域社会で日常生活を過ごしていると見えてこない問題である。そのため、国民の大多数が問題の所在すら知らないまま、難民を取り巻く状況は固定化されてきたと言えるだろう。それは、節の冒頭で触れた第三国定住の問題についても同様である。

第三国定住の「実験」

第三国定住については、条約難民の受け入れ問題とは異なり、政府が問題の存在自体を積極的に伝えようとしてきた。そして受け入れが成功するためには、日本社会で多くの理解が必要だと強調している。

２００７年9月、日本政府は11省庁が連携する、第三国定住についての勉強会を発足させ、２０１０年、アジアで初となる第三国定住事業がスタートした。具体的には、タイ・ビルマ（ミャンマー）国境のメーラ難民キャンプで暮らすビルマ（ミャンマー）のカレン難民約30名を3年間にわたり受け入れようというものである。全体で約90名の難民を受け入れることを想定し、２０１０年9月に、第一陣として5家族27人が来日した。事業については内閣官房に設置された難民対策連絡調整会議を中心に、外務省、法務省、厚生労働省、文化庁などの各省庁が、来日する難民の事前選考、職業相談・紹介、日本語教育などの支援策を立案し、実際の運営は競争入札の結果、外務省の外郭団体である、アジア福祉教育財団難民事業本部が実施している。２０１２年以降も2年間延長されることが決まり、受け入れの対象となる難民キャンプも拡大されている。

第一陣は、6ヵ月間、東京で定住支援の研修を受けたのち、千葉県八街市と三重県鈴鹿市で職業適用訓練を受けたが、千葉県の難民が労働時間に対する受け入れ先との考え方の違いや、保育環境が整わないことなどを理由に、千葉での定住を断念、別の地域へ移動することとなった。日本語教育の提供される期間が不十分で、日本で既に暮らしている先輩難民や支援団体との接触が制限された挙げ句、一部マスメディアの強引な取材なども災いして不信感を強めた難民が、最終的には弁護士を介してのみ外部と接触するという事態になってしまった。本節冒頭の「難民キャンプに帰りたい」という言葉は、その難民が口にしたものである。ただし、受け入れ先にとっても、難民に対する十分な情報が届かない中での実習であり、政府の準備不足が招いた結果としか言いようがない。第二陣は、先例の失敗に学び、改善が図られたが、日本社会への定住に関する困難は、難民キャンプ内で広く知られるところとなり、2012年秋の第三陣は、ついに希望者がゼロとなってしまった。

このように第三国定住は、現在のところ、必ずしも順調に推移しているとは言い難い。

ただし、ここで確認しておきたいのは、事業に関わる人々が懸命に努力していることである。第一陣を受け入れた鈴鹿市では、雇用主、自治体が連携し、手探りの状態の中で難民が安心して暮らせる環境を築いた。また、第二陣を受け入れた埼玉県三郷市では、先に述べたように第一陣の経験を踏まえ、よりきめ細かな対応がなされた。マスメディアの情報だけでは見えてこない苦労や成果があることに留意する必要がある。例えば、２０１３年2月に笹川平和財団主催の第三国定住に関するシンポジウムに出席するため来日した、スウェーデン移民庁難民認定局のオスカー・エクブラッド副局長は、難民の雇用を確保している日本の第三国定住プログラムの取り組みを高く評価している。

しかしながら、国の政策が雇用主や自治体の奮闘で何とか支えられている状態でよいと言えるだろうか。１９７０年代のインドシナ難民から、１９８１年の難民条約加入を経て、条約難民を受け入れてきた経験のある日本が満を持して取り組んだはずの第三国定住が、当初このような結果になってしまった原因はどこにあるのか。難民キャンプに帰りたいという発言は、失敗が顕在化してから対応するというやり方、すなわち実験場のように人の「生」を扱うことに痛みを感じない「構造」が今も存在し続けていることを示している。

市民社会の参加

もっとも、難民をめぐる日本社会の状況は、この10年間で変化の兆しも見せている。グローバル化を背景に難民認定申請件数の増加、申請者の出身国・地域の多様化、申請内容の複雑化が顕著となってきたことに対応するため、という趣旨で２００４年に入管法が改正されたのは、市民社会の活動の大きな成果である。主要な改正点は、入国後60日以内に難民申請をしなかった場合、それだけを理由に不認定になる事由とされるという「60日ルール」の撤廃、法的地位の安定化、[*9] 難民審査参与員制度の創設の3点であった。さらにもう1点、これまで難民認定の審査期間中であっても不法滞在を理由に難民認定申請者が強制退去、強制収容などの対象となる事例があったが、難民認定を待つあいだ、日本での滞在を仮に許可する「仮滞在制度」が新設された。これらの制度には、その実効性をめぐって批判も多い。*10 この10年間の変化が、今後、どのように展開するかは今も揺らぎを見せている。

ただし、確実に言えるのは、こうした動きの背後に、難民支援に関わる人々の多様化があることだ。国連関係者やNGO、弁護士、研究者に加え、政治家、市民、学生、メディア、アーティスト、そして大学や多くの企業が関わりはじめている。大学では、UNHCRとともに難民高等教育事業を開始した関西学院大学や、難民に対して無料の歯科治療支援活動を行う鶴見大学など支援の幅が広がっている。企業では、長年にわたる海外での難民への視力支援によって、会長が日本人初の「ナンセン難民賞」（難民支援のノーベル賞と言われる）を受賞した富士メガネや、アジア企業では初めて、UNHCRとグローバルパートナーシップを締結したユニクロなど多様な貢献がある。ほかにも、2011年から京都の銀閣寺や金閣寺で開催されている、東日本大震災の復興と難民支援のための「平和茶会」は、多くの人に参加の機会を提供している。また２００４年に、日本で暮らす難民を支援する、なんみんフォーラム（Forum for Refugees Japan：ＦＲＪ）、２００６年に「難民支援に楽しさ、面白さをスパイスとして加えること」を目的にＵＮＨＣＲと国内外で難民支援を展開するＮＧＯが参加してＪ-ＦＵＮ（Japan Forum for UNHCR and NGOs）が発足。２００７年には複数の大学の学生によって、「知る」「行動する」「伝える」をテーマにＵＮＨＣＲと協力して普段着の難民支援を目的としたＵＮＨＣＲユース（現Ｊ-ＦＵＮユース――学生にもできる難民支援・学生だからできる難民支援）がスタートするなどネットワークが重層的になってきた。とりわけ、学生団体に関しては、Ｊ-ＦＵＮユースをはじめ、ＧＩＲＰ（弘前大学）、ＣＬＯＶＥＲ――難民と共に歩むユース団体（筑波大学）、難民交流プロジェクト（早稲田大学）、Ｔｅｌｌ Ｍｅ（聖心女子大学等）、もっと日本語教室（名古屋大学等）、ＰＡＳＴＥＬ（立命館大学等）、ＴＲＹ（外国人労働者・難民と共に歩む会）（大阪大学等）など各地で積極的な取り組みが広がっている。さらに、２００９年に発足した東京大学難民移民ドキュメンテーションセンター（CDR）や、2010年に設立された難民研究フォーラムによる研究成果の蓄積・発信は、現場に有用な視点を提供している。

そして、難民や難民申請者の衣食住といった生活面の支援に加え、難民をめぐる政策や法制度への働きかけが実を結びはじめている。2012年12月には、法務省入国管理局、なんみんフォーラム、日本弁護士連合会の三者が、難民行政の改善に向けて協議することなどを定めた「覚書」に合意した。また、2013年6月の世界難民の日に合わせ、なんみんフォーラムから、「難民保護法検討のための論点整理」が発表されている。さらに、民間の国際財団である笹川平和財団が、2013年度の政策提言を目指して、「難民受入政策の調査と提言事業」を進めている。その過程で多様な関係者が対話する場を提供されたことも、これまでになかった取り組みである。

このような、難民を支援しようという気運の高まりは、第三国定住の実施に伴う、地方自治体の積極的な行動に結びついた。市の長期計画に「難民受け入れの検討」を掲げた長野県松本市である。今後、どのような展開になるかは未確定だが、難民受け入れを通して「人権都市」としての戦略を模索した経験は、他の地方自治体にも大きな問いを投げかけたと言えるだろう。*11

一方で、「支援される側」に固定されていた難民自身にも画期的な変化が生まれた。2010年に設立された、難民連携委員会（Refugee Coordination Committee Japan : RCCJ）である。RCCJは、難民自身が難民を支援すること、日本社会がより寛容な社会になること、難民自身が社会に貢献すること、を目的とした互助組織である。UNHCRやNGOと連携し、円卓会議を開催するなど、多様な国籍や背景を持つ難民が、自らの現状に対する問題提起と政策提案を行っている。2011年には、難民条約発効60周年および日本の難民条約締結30周年を記念してまとめられた、「日本政府の難民政策に関する誓約」に対して、RCCJの見解を集約して提出した。難民が（一方的に）支援される側を脱しはじめたのである。また、東日本大震災に際しては、難民のグループがＮＧＯと協力して、被災地でボランティア活動を行った。一部のメディアでは日本にお世話になった難民たちの「恩返し」が強調されたが、直接、彼らに話を聞くと、恩返しだけではなく、困っている人が目の前にいるときに、自分にできることを行動に移すのは自然なこと、という非常にシンプルな答えが返ってきた。このように、ＲＣＣＪや被災地でボランティア活動に取り組んだ難民を見ると、「支援する／される」という二分法の境界が、決して固定されたものではないことがわかる。

その上で、私たちには、もう一つ越えなければならない境界がある。それは、そもそも「支援する／される」という関係の圏外にいた人々、すなわち「関わりがなかった」人々の参加である。この「関わりがない／ある」という二分法の克服こそ、私たちが難民問題に取り組むうえで最重要の課題でありながら、十分に実現できずにいたものであり、今後、福島を取り巻く状況に不可欠なものだと私は思う。この二分法の克服の手がかりとして、ここで「潜在的難民」という言葉に光を当てたい。

「潜在的難民」——誰もが当事者になる可能性

「潜在的難民」（potential refugee）は、新しい言葉ではない。

ＵＮＨＣＲは、この言葉について、特定の集団を指す公式の用語ではなく、難民支援を行う団体や研究者等によって任意に用いられている言葉であるとしている。[*12] 政情不安などで「将来的に難民になりうる可能性のある人々」というネガティブな使われ方が一般的だ。

過去には、潜在的難民の危機を予測する早期の警戒システムの必要性に言及した論考などもあるが、この場合も同様に、「将来的に難民になりうる可能性のある人々」という文脈で用いられている。

だが、この言葉が私たちにとって持つ意味をラディカルに転換させるような事態が起きた。２０１１年3月の東日本大震災と、とりわけそれに続く福島の原発事故である。放射能の拡散により移動を強いられた人々が（カッコつきで）「難民」と呼ばれるケースは珍しくなかった。それだけでなく、そこで生じた、近代的な国民国家という枠組みの中で保障されてきた社会制度への信頼が根底的に揺らぐ状況を、「難民」をキーワードに理論化する動きも見られる。例えば、原発事故前の福島でフィールドワークを行っていた開沼博は、次のように言っている。

「国」や「科学」を自明視できなくなり、「自由」や「自立」からは程遠いところにおいやられた「民」。それを例えば、「難民」と呼びかえることは可能かもしれない。〔中略〕もはや誰もが「難民」へと放りだされうる時代において、誰が「難民」になり誰がならないのか、何がその要因となり何がならないのか、あるいは、いつどこでなり、ならないのか、といった条件は極めて偶然に起こるものと言ってよい。*13

これを言い換えれば、私たちはみな「潜在的難民」だということである。福島の事故によって、拡散する放射能汚染と、地震国であり、狭い国土の中に54基の原子力発電所があることを考えれば、日本国内に暮らす人々が原発によって移動を強制されることはいつでも起こりうる。さらに福島原発4号機の不安定な状況は、日本で暮らすことを断念せざるを得ない可能性すら含んでいる。3・11以降、国との信頼関係という最低限の絆が存在するかどうかが疑わしくなった日本という国の中に暮らす人々は、すべて「潜在的難民」なのだ。

ここで改めて強調しておきたいのは、この本では、「潜在的難民」は、狭義の難民にではなく、また福島原発の事故による避難者にでもなく、「そうした人々を取り巻く私たち」に向けられているということである。人為的に作り出された「暴力」によって、移動を余儀なくされる可能性がありながら、それを見つめることができずにいる私たちに向けられている。この言葉は、私たち自身もまた実験台のように扱われているのではないかという問題を可視化しようとする。長いあいだ狭義の難民に対して行われ、現在、福島の人々に対して行われていることを見つめ直し、行動を起こそうという、ポジティブな願いが込められた言葉なのである。

この「潜在的難民」という言葉は「原発に取り巻かれている」ことが明らかになった現在、3・11以前の日本に暮らす大多数の人々が、「自分は難民には絶対にならない」と信じることができた根拠を揺り動かす。そして、この大多数の人々が難民に対して圧倒的に優位な立場にいた点において、圧倒的に「第三者」であった状況を打破し、強制的な移動に直面する人々がいるという問題に「当事者」として関わる可能性を開く。

第1章 〈難民ナウ！〉――「関わりがなかった」人へ向けたラジオ番組

〈難民ナウ！〉
収録中の様子

ここまで、難民とはどのような人であるか、そして日本社会が難民とどのように関わってきたかを見た上で、原発事故を経験した私たちにとって、「潜在的難民」という言葉が持つ意味を確認した。ここからは、3・11以降「潜在的難民」というメッセージを掲げるラジオ番組〈難民ナウ！〉の制作現場に接近する。10年に及ぶ〈難民ナウ！〉の歩みをたどることで、「関わりがない／ある」という二分法の克服に向けたヒントを探りたい。

日本初の難民問題専門情報番組

〈難民ナウ!〉とは何か

難民問題を天気予報のように――。

これは、京都市中京区のコミュニティFM局・京都三条ラジオカフェ(FM79.7MHz、以下ラジオカフェ)で、私たちが制作・放送している日本初の難民問題専門情報番組〈難民ナウ!〉のコンセプトである。

〈難民ナウ!〉は、2004年2月から放送を始めた。毎週1回、わずか6分間という短い番組である。日本で暮らす難民をはじめ、NGOのスタッフ、国連や政府、地方自治体の職員、研究者、弁護士、市民団体、学生団体、アーティスト、映画監督など「難民」をキーワードに500人を超える人々にインタビューを行ってきた。

難民や、難民に関わる人々の「声」を地域コミュニティに根ざした放送局から届けることで、遠くの「難民」が、日常生活のなかで「見える」存在となることを目指していた。関心のなかった人や、何か行動を起こしたいと考えている人が立ち止まり、思いをはせ、参加する枠組みを作れないかと考えたのである。

どうして難民問題に特化したラジオ番組をはじめたのか、とよく質問される。それは、2003年に参加した「私が難民になったら」というワークショップがきっかけだった。1995年に阪神淡路大震災が発生したとき、全国から現場に多くの学生が駆けつけ、「ボランティア元年」という言葉が聞かれた。私も、何か行動を起こしたいと思いながら、そうした波に乗り遅れた。時間が経つにつれ、今さら参加してよいのか、という気持ちが芽生え、結局、現地に足を運ぶことはなかった。「あの時、自分にも何かできたのではないか」。その思いは時間の経過とともに強くなり、できることはないかと考えるようになっていた。

ある夏の日、友人が待ち合わせの時間に遅れ、暑さをしのぐため公民館のロビーに入った。そのとき偶然、市民講座の一環として開かれる「私が難民になったら」というワークショップのチラシを手にし、興味を引かれて参加することにしたのだった。ワークショップは、例えば急に迫害を受け、今すぐ逃げる必要が生じたら何を持っていくかを考えたり、一日に難民が食べる米の量を実際に量ったり、というものだった。今にして思えば信じがたいが、その時は自分が難民になったとしても、なんとか生きていけるのではないかという程度の印象だった。「自分の問題」にはならなかったのである。しかし後日、５歳の姪といっしょに遊んでいるとき、「この子といっしょに難民になったら」と想像した瞬間、心が凍りついた。「難民になった幼い姪たちを前に、何もできない難民の私」。そのイメージが自分の中で浮かび上がり、そのとき、難民問題が自分の問題になった。それ以来、私にとって、難民問題は「子どもの問題」「家族の問題」であり続けている。

その後、国連難民高等弁務官を務めた緒方貞子の活動を描いた、東野真『緒方貞子――難民支援の現場から』を読んだ。UNHCRという大きな組織に所属しながら、組織のルールを変えても、「難民を保護する」「生命の安全を確保する」という基本原則の根幹を守ろうとする行動に感銘を受けた。同時に、「関心が集まりにくい難民問題に対するメディアの役割」や、「難民問題への持続的な関わり」の重要性を認識した。そして「メディア」と「持続的」というキーワードをつなぐものとして、思いついたのが「天気予報」だった。

天気予報のように難民問題を放送するメディア。その可能性を探しはじめたとき、ラジオカフェのスタッフに出会った。番組の企画を説明すると「面白い！」と言ってもらった。「そんな番組、マスメディアでは絶対できない」――その言葉に背中を押され、自分で番組をやってみることにした。UNHCR駐日事務所に相談したところ、「メディアを使った難民支援はこれまでありませんでした。ぜひ情報提供だけでなく、いろいろと協力していきましょう」と親切な返事をもらった。このように幸運な出会いが重なり、番組を始めることになったのだった。

当初、番組は３分間だった。ＵＮＨＣＲが発表する世界の難民情報を、京都の人口や学生数などと比較して放送していた。しかし、インタビューが増えてくると、３分間では足りなくなった。そこで放送時間を６分間とした。周囲の人たちから、せめて30分の番組にしてはどうかという意見も受けたが、「天気予報のように」というコンセプトから考えれば、30分の番組を週に１回放送するよりも、６分の番組を週に５回放送することの方が重要であるように思えた。難民問題のようなテーマに耳を傾けられるのは、これまでこの問題に深く関わりを持つことがなかったリスナーにとっては、６分間が限界だと思っていたこともある。毎日の天気予報の内容は覚えていなくても、テーマソングは記憶に刻まれているように、日常生活の中で、まずは「難民」という言葉に触れる機会を増やす。そのことが目的だった。

ラジオ番組のインタビューは、電話さえつながれば、相手がどこにいても可能だ。あるときはスタジオで、あるときはイベント会場から、時には、多忙なゲストに電車の乗り継ぎのわずかな待ち時間を利用してインタビューに応じてもらったこともあった。難民に関する豊富な知識があるわけではなかったため、見当外れなところにインタビューを申し込み、不思議がられることもあったが、幸いにも、誰もが快く番組に出演してくれた。インターネットメディアが現在ほど認知されていない当時、個人では大きな組織へのインタビューは困難だった。たとえ小さくても、ラジオという放送メディアの取材である、ということが大きかった。

インタビューは、いずれも忘れ難いが、とくに印象に残っている言葉を紹介したい。それは、アフリカで難民支援に関わっていた、あるNGOスタッフの言葉である。彼女は、出身国の状況が安定し、帰還する難民たちとともにバスに乗っていた。バスが出身国の国境を越えた瞬間、難民たちが歓喜の叫びとともにバスを降りた。そして「自分たちの国の土を口にした」という。慣れ親しんだ故郷を追われた人々にとって、その地とのつながりがどれほど深いのかを思い知るエピソードだった。また、ビルマ(ミャンマー)難民のミョウさんが、「なりたくて難民になった人は誰もいないということを知ってほしいです」と静かに訴えたことも記憶に残っている。ほかにも多くの人が「まず知ることから」と呼びかけた。インタビューでは、最後に必ずリスナーへのメッセージを語ってもらった。毎回の番組に残されたメッセージは、放送開始から10年近くが経ち、社会の様子が変わった今も色あせず、私たちに語りかけてくる。〈難民ナウ!〉はこうした「声」を、地域コミュニティの日常生活の中へ伝えようとしていた。

地域コミュニティとの関わりの中で

〈難民ナウ!〉が放送されているラジオカフェは、日本で初めての、NPOが運営するコミュニティFM局である。出力20キロワットで、聴取可能エリアは京都市を中心とした近隣市町となっている。活動の場としてコミュニティＦＭを選んだ理由は3点ある。1点目は、何よりも手軽に発信が可能だったこと。2点目は、地域社会に根ざしたメディアであったこと。3点目は、同じ問題を繰り返し伝えることを得意とするメディアであることだ。そもそもマスメディアは、公正で中立的な報道を追及すれば、一つの問題に深く関わることが困難になるという構造を、いわば宿命として持っている。しかも難民問題のようなテーマに関しては、一度に「早く、広く」届ける情報だけでは不十分で、「遅く、狭く」であっても持続的な発信によって、受信者に考えてもらう機会をなるべく多く作りだすことが重要だと考えていた。

そして、カフェで静かに時間を過ごす人が、音楽に耳を傾けたり、本を読んだりするように、ふと、難民問題に思いをはせるような番組を目指した。難民問題と耳にすれば居ずまいを正す必要がある、というような先入観を取り除きたかった。居ずまいを正す必要はたしかにあるかもしれない。ただ、難民問題を伝えるときに、問題の難しさや衝撃度を前面に立てるのではなく、ということを当初から念頭に置いていた。問題の難しさを「熱さ」に例えるなら、きわめて専門性が高く、かつデリケートでもある難民問題は、一般の人にとって、素手では熱くて触ることのできない鍋の取っ手のようなものだ。その熱を冷まし、誰もが触れることのできる「常温」状態にすることを重視した。触れたうえで、居ずまいを正すかどうかは、その人自身が判断すればよいのだ。

イベントはカフェで行った。古い佇まいのお洒落なカフェで、持ちこんだプロジェクターが故障したときは、ゲストとともにPCを持ち上げ画面を来場者に見せながらの講演となり、最後には重さに耐えかねて2人の腕が震えだし、画面が見られなくなるという笑い話のようなことも経験しつつ、お茶を飲みながら難民問題に思いをはせる、というコンセプトを大切にし続けた。京都の有名な日本庭園でセミナーを行ったこともあった。静まり返った池で鯉がはねあがる音が響く中で、難民について語り合った。参加者からは「こんな場所で難民問題を考えたことは一生忘れない」という感想もあった。これまで難民問題について知らなかった人、あるいは知識はあっても関わりを持つきっかけがなかった人が、いかに参加するか、という点を考えていた。

そして、私は地域コミュニティと積極的に関わろうとした。ただし、難民問題というグローバルな規模のテーマと、地域コミュニティの住民参加をいかに結びつけるか、という課題は、一筋縄ではいかない難しいものだった。〈難民ナウ！〉は、常にその課題の解決を模索していたと言ってよい。例えば、町内会レベルで難民問題の勉強会を開いたり、社会福祉協議会と連携して、高齢者の問題と難民問題を互いに学びあう機会を作ろうとしたり。しかし、地元の区役所へ相談にいった際、まちづくり担当課の職員から次のような言葉を受けた。

そんなん無理ですわ。難民問題を考えるコミュニティやなんて実現したらすごいけど、やっと防犯とか防災みたいな自分らのことは自分らでって、やりださはったとこ（＝やりはじめたばかり）やのに、そんな、難民問題を町内会で考えるやなんて１００年先のことですわ。

この言葉を聞いて、意気消沈したのは否定できない。ただ、地域コミュニティに向けて難民問題を放送することの意義についての思いは変わらなかった。「難民問題を天気予報のように」身近なものとして考える地域コミュニティが実現すれば、そのコミュニティは、より身近な防犯や防災、児童虐待や、ドメスティックバイオレンス、孤独死などの問題に易々と向き合うことができるのではないかという考えがあったからだ。

その一方で、「難民問題にも思いをはせる地域コミュニティの実現」は、地域コミュニティの外に軸足を置く活動から出発し、徐々に内側に向けて進めていくのが現実的かもしれないとも考えた。インターネットによる配信によって、アフリカ・スーダンにいるＮＧＯスタッフから番組への感想が寄せられたり、関西圏以外のリスナーが〈難民ナウ！〉を聴いて、難民支援NGOに募金したことを知ったりするなど、地域を超えた広がりを実感していたからだ。そこで、先に地域に限定しない人々とのネットワークをつくり、それが地域コミュニティにとってインパクトになるくらいまで広げることを目指すようになった。

参加する人たち

〈難民ナウ!〉の発足当初のコンセプトは、「片手間でできる国際協力」「仕事帰りの難民支援」。グループをつくり、ミーティングのために時間や労力を使うのではなく、一人でできる範囲で取り組みを続けることが重要だと考えていた。そのため、寄付の申し出なども全て断った。もちろん、難民問題が解決して番組が早期に終了することこそ望ましいが、「この番組が5年間続いてしまって、まだ社会から必要とされていたら、その時に寄付をしてほしい」と応えていた。

しかし、その方針にも転機が訪れる。ある日、神奈川の中学生が修学旅行の一環で〈難民ナウ！〉の取り組みを見学に来た。５名の中学生は、事前に難民問題について調べており、ラジオカフェで2時間近く話し込んだ。

後日、彼らから地元で募金をしたり、難民問題について家族と話した、という報告の手紙が寄せられた。一人ひとりがＡ４の用紙にびっしりと書き込んでくれており、恐縮して学校に連絡すると、日頃はなかなか先生の言うことをきかない生徒たちなんですよ、と聞かされた。この体験がきっかけとなり、「難民問題を語り合うこと」には「知らせること」以上に意味があるのではないかと考えるようになった。

また、難民支援の第一線で活躍するゲストへのインタビューは、大学生にとって非常に貴重な経験になるのではないかという思いも持つようになっていた。

そこで、番組を一緒に作ってくれるボランティアスタッフを募集することにした。２００７年5月以降、４名のスタッフが加わった。大学生3名と、新社会人１名である。

スタッフ紹介として行った、当時のインタビューを振り返ってみたい。

最初に参加した、立命館大学文学部3回生のKさんは、もともと留学生の生活をサポートする団体に、「サポートというより友達という感覚」で参加していた。その延長で、〈難民ナウ！〉に加わった。〈難民ナウ！〉で取り組みたいことについては教育問題を挙げ、「国際問題に関心を持っている方々が活動を起こすきっかけになるような番組を作りたい」と答えた。Kさんは、留学生の希望でホストクラブを徹夜で案内し、その足で難民支援のイベントで司会を務める、というように、学生生活の中に自然に難民問題を取り込んでいった。「ホストクラブ帰りの難民支援」は想定外だったが、そうした彼女の、居ずまいを正さない、自然体の言葉から難民問題に関心を持ちはじめた人も多い。

続いて参加してくれた京都外国語大学2回生のNさんは、加わった理由をこう語った。

国際貢献に強い興味を持っており、この番組を知って、いろんな分野で活躍する人々のお話を直接聞けるという魅力もあるし、難民問題について、番組を通して深く考えるきっかけにもなると思い参加しました。
日本の難民問題に対する考え方を知るのはもちろんですが、海外の人が難民問題をどのように見ているのか、どう対処しているのかを番組を通して学んでいきたいと思います。

Nさんが国際協力に関心を持つようになったのは、旅行好きの母と訪れたインドネシアで貧困を目の当たりにしたことがきっかけだという。

いまボランティアのニーズはすごく高まってきていると思うんですね。でも国際協力に興味があっても一歩踏み出せない人が沢山いると思うんです。その中で、この番組を通して少しでも関心を持ってくれて何か行動してみようという気になるような、「いま動き出すべきだ」という熱いメッセージを私たちが発信していけたらと思います。

多くのサークルや学生団体に参加していたNさんは、その幅広い人脈を通して、〈難民ナウ！〉にゲストを紹介し、またその人たちに難民の存在を伝えていった。それは〈難民ナウ！〉にこれまでにない人々との交流を生み出した。

さらに、大学を卒業したばかりの新社会人Hさんが加わった。もともとはフィリピンの貧しい地域で暮らす人々への支援や、フィリピンから日本にきた人々へのサポートを続けていた。〈難民ナウ！〉のイベントで「気軽にイベントに来ている人が多いこと」に共感しスタッフとなった。

音楽とかダンスとか芸術を通して人に伝えていきたいと思います。ライブに参加している人に難民問題を伝えていったり、難民問題をテーマにして、思いを込めた作品を作ってもらったりしてもらいたいと思います。

「新しい人との出会いを楽しみにして活動していきたい」と抱負を語ってくれたHさんの参加により、アートとのつながりが生まれていった。それは後述する「難民問題をめぐるアート展」の源流だった。

そして、カナダ留学中に〈難民ナウ！〉の存在を知り、帰国後に参加してくれた同志社大学４回生のMさんは、インタビューの中で「『楽しく』ということをテーマにしていきたい」と語った。

自分自身が楽しくないと人に伝わらないと思います。楽しさの上での真剣さ、熱心さを大切にしていきたいです。

年齢や国籍、取り組んでいるジャンルを問わず、人と人の大きな輪をつくっていきたい。例えば難民問題も環境問題も共通点があると思うので、そういった点でつながりを作っていきたい。

他のジャンルとの共通点とつながり、は地域社会と難民問題の接点を見つけられないかと考えていた私にとって重要な視点となった。

このように、彼女たちとの出会いによって、〈難民ナウ!〉は新たな発想を持ち、活動を広げていった。彼女たちは難民問題に特別の関心があったり、活動の実績があったりというよりも、自分たちの声で情報を発信することを通し、関心を行動に移すということを強く意識していた。また、難民問題だけでなく、様々な問題に関心を持っている人たちをつなぎたい、という点で共通していた。〈難民ナウ!〉が行ったカフェでのイベントや、そこで掲げた、触《さわ》れる温度の情報、というコンセプトに、特別な知識がなくても、「ゆるい」つながりを広げようとする人が集まったと言えるのではないだろうか。

その後もスタッフが増え、20名の人々が〈難民ナウ!〉に関わることになった。

大学生や、大学卒業後まもない人が多く、大学生を中心に少しずつ〈難民ナウ!〉を知ってくれる人々の輪が広がっていることを実感した。スタッフの人脈による口コミはもとより、従来どおり地域の映画館やカフェを一軒ずつ回って難民支援イベントのチラシを置いてくれるようにお願いしたり、ＳＮＳで参加を呼びかけたり、といった地道な広報活動が実を結んだのだった。地元紙の京都新聞や、毎日新聞・朝日新聞をはじめ、全国紙の京都支局の記者が、イベントを好意的に報じてくれたのも大きかった。

「現地へ行かなくても国際協力はできる」というスタンスで始めた〈難民ナウ！〉の活動。しかしもちろん、「ゆるい」関わりに飽き足りない人もいて当然だ。難民が発生している国へ直接赴いたり、入国管理センターに収容されている難民申請者に面会し、その窮状を聞いて精神的・物理的なケアを行ったり、といった「現地に行く」活動が重要であるのは言うまでもない。だが、そうしたハードな関わりとは違う関わり方を求めている人たちのために、国際協力への参加の間口を広げることも、大切ではないだろうか。実際、〈難民ナウ！〉のスタッフの中には、ここでの活動を足がかりに「現地に行く」ことになった人もいる。

また2009年には、国際協力のイベントが集中する東京で、参加したイベントをレポートする「〈難民ナウ！〉東京レポーターズ」を立ち上げた。1回目の説明会には新潟から夜行バスで駆けつけてくれた人も含めて9名が集まった。「伝える」ことで難民問題に関わろうという共感が少しずつ地域を越えはじめたのである。

京都でのある映画上映イベントの終了後、「難民支援は、専門的になりすぎて閉鎖的なイメージがあったが、イベントに参加して難民支援に共感できた」「(イベントに) 来る人と来ていない人の温度差をこれからも気にとめて活動してほしい」といった声が寄せられた。もともと関わりがなかった／関わりを持てずにいた人がいかに参加するかをテーマとしてきた〈難民ナウ！〉への嬉しい評価だった。

さまざまな難民支援のイベントを企画するうち、感じたことが2つある。1つは、難民や難民問題という言葉を知らない人はいなかったが、逆に難民や難民問題を正しく把握している人に出会うことも滅多になかったことである。そこには、難民に対する二重の混乱があった。すなわち、それぞれの難民にそれぞれの人生があるにもかかわらず、「難民」として同一視してしまう混乱と、私たちと何ら変わることのない人々であるにもかかわらず、あたかも「難民という生き物」が存在するかのように捉えてしまう混乱である。もう1つは、当たり前のことかもしれないが、「人によって関心を持つポイントが違う」ということだ。例えば、スーダンの難民問題には関心を持てなかった人が、自分自身が訪れた経験のあるラオスの難民問題には真剣になった、というように。また、複雑な難民の受入れシステムの話が難しすぎて……、という人が、じつは料理が好きで、ベトナム料理の話題をきっかけにインドシナ難民の問題を考えだすこともあった。だから、難民問題を一般の人々へ伝える際には、混乱を解消するために丁寧に、そしてできるだけ多様な切り口で捉えていく必要がある。以下、〈難民ナウ！〉の取り組みを「社会の仕組みへの働きかけ」「地域コミュニティとの接続」「『難民』の多様性への着目」「海外の視点の導入」という観点から見ていきたい。

「ナワダカモガネカ」――社会の仕組みに働きかける

ナワダカモガネカとは、「難（ナ）民特別奨学生制度枠（ワ）を大（ダ）学で考（カ）えたり求（モ）めたりする学（ガ）生ネ（ネ）ットワーク関（カ）西」の略称である。

2006年、関西学院大学（兵庫県）とUNHCRが、日本で暮らす難民を対象にした「難民高等教育事業」の協定を締結した。年間2名の難民等をUNHCRが推薦し、試験に合格すると、特別奨学生として、学費の免除と生活費の一部を支援するというものだ。

この事業は、難民にとって大きな希望となり、例えばカンボジア難民のSさんは、「難民として日本で暮らしていると生活も大変だし、大学に行くことなんて本当に難しいんです。この制度のことを知ってワクワクしています。もっと勉強しておけばよかった！」と、事業を知った感激を〈難民ナウ！〉に寄せてくれた。そこで、2007年4月、一期生として関西学院大学に入学した、ビルマ（ミャンマー）難民のミョウ・ミン・スウェさんをゲストに迎えて講演会を開催した。ミョウさんは、祖国での弾圧の様子や日本の難民政策による過酷な生活を振り返りながら、日本語を修得し、大学生として学ぶという夢を実現した経緯を語った。そして「大学に行けることになったときは泣きました。嬉しくて」と、これから学ぶ喜びを語り、「学んでビルマと日本の架け橋になりたいです」と結んだ。

講演会の終了後、参加者から、「難民」や「初めての特別奨学生」だからではなく、ミョウさんの生き方や強さに感動した、という声が寄せられた。〈難民ナウ！〉のスタッフにとっても、難民との初めての出会いだった。それまで、ともすれば「かわいそう」で「救ってあげなければならない」存在と思いがちだった難民が、困難な状況を乗り越え、夢を実現していることに驚くスタッフも多かった。「難民」を一面的なイメージで捉えてきた「難民を取り巻く私たち」を問い直すきっかけとなったのである。

ミョウさんが利用した奨学制度がもたらす意義を広く世に知らしめ、他の大学にも同様の制度の導入を求める取り組みを始めることとなった。それがナワダカモガネカである。大学教職員の中から理解者が生まれてきた。ある大学では「入試要項に難民という言葉が入った！」とメールを送ってくれた人もいる。

しかし、大学で新たに奨学制度を創設することは予想以上に難しい。また、関心を広めようという取り組みはキャンパス内での学生を対象にした活動であるが、制度を作ろうとする話し合いは大学の意思決定機関が対象になるという両面性が、プロジェクトを困難なものにしている。さらに今後の課題として、奨学制度は卒業後の就職が重要であることから、大学だけではなく、企業と雇用枠を設けるなどといった連携も必要である。日本人大学生の就職率も低迷する中、まず日本人を、という声もあるが、難民の雇用が企業に多様な視点をもたらすメリットは大きい。難民が生きやすい社会は、誰にとっても住みやすい社会である。そのためには社会の仕組みが少しずつ変わることが欠かせない。

「京都三条通りジャック」――地域コミュニティとつなぐ

次に、〈難民ナウ!〉にとって、もう一つ重要な転機となった出来事を紹介したい。「京都三条通りジャック2008」(以下、三条通りジャック)である。

2007年11月、アントニオ・グテーレス国連難民高等弁務官が来日した。これに合わせ、UNHCR駐日事務所の位置する東京都渋谷区の表参道一帯で、難民問題に対する理解と関心を高めるため、グテーレス高等弁務官を先頭に、難民や国連・NGO職員、学生らが参加してパレードが行われた。当日は、沿道の商業施設の協力によるスタンプラリー、トークイベントなども開催され、表参道を難民問題一色にしよう、との思いを込めて「表参道ジャック」という名称が付けられた。UNHCRでは2008年もイベントを準備した。

この動きに合わせ、ラジオカフェが位置し、国内外から旅行者が訪れる、京都でも屈指の観光スポットである「三条通り」で同様のイベントを企画した。それが「三条通りジャック」である。

ただ、このイベントは、実現するとなると地域を巻き込んだ大規模なものとなる。開催を前に、私は、イベント会場となる三条通りの住民で構成され、まちづくりに積極的なアドボカシー活動を展開する、「京の三条まちづくり協議会」（以下、まちづくり協議会）に相談にいった。まちづくり協議会の有本嘉兵衛会長（当時）にイベントの趣旨などを説明したところ、「〈難民ナウ！〉が国連をはじめとした多くの団体と協力して難民問題に取り組んでいることについては非常に大切なことだと思いますし、熱意もよく分かりますが、どうして三条通りで難民問題のイベントを行うのか、その点を示さないと、人は何のことか分からんでしょう」とイベントの根幹に関わる部分を問われることとなった。

京都三条通りジャックのフライヤー

この問いは、私たちが「難民（を取り巻く私たちの）問題」として、難民と社会をつなぐことを目指しながら、難民支援に関心を持つ人々の中で活動を続けるうちに、いつしか地域コミュニティの意識と離れていたことを反省する機会となった。しかし、なぜ難民問題を自分たちの暮らす地域で行うのか、という問いに対しては容易に答えがでなかった。その後もまちづくり協議会の人々からは「応援したいが、イベントの意図がよく分からない」という言葉が繰り返された。

そうした中、まちづくり協議会の中野滋人事務局長（当時）が「なぜ三条通りで行うのか」をともに考えはじめてくれた。そして、「この辺も昔は人づきあいがちゃんとあったんです。そやけど今は近所の人との付き合いもままならへん時代ですやん。そういう時代に（難民問題は）身近な人づき合いを、遠いところから映し出す鏡のようなものでしょうね」という言葉を得た。隣人との関係を映し出す鏡の役割である。その後、私たちは、この言葉を積極的に用いはじめた。「隣近所との付き合いを映し出す、遠くの難民との関わり」。この言葉を聞いて地域の人たちにも「三条通りジャック」が少しずつ受け入れられていった。

難民が隣人とのつながりを意識させ、一方で隣人への配慮をもって難民と接しようとする土壌が生まれはじめた。〈難民ナウ！〉にとって、「難民（を取り巻く私たちの）問題」が地域コミュニティと接続される第一歩となった。地域の賛同を得られたことで、商業店舗なども協力してくれるようになった。

２００８年11月26日、三条通りジャックが開催された。難民問題を学びつつ進行するスタンプラリーや、難民による講演会、書店での難民関連書籍の特集コーナー、難民が出身国の料理を参加者とともに作り、食事をしながら自身の体験を語る「難民クッキング」、市内の中学生が難民問題に関心を持つことをステージ上で表現する「stand up action for 難民問題」などを実施した。難民クッキングでは、ベトナム難民のGさんが、参加者と生春巻きを作ったあと、難民として日本に来るまでと、来てからの経験を語った。感激した参加者の一人Yさんは、その後、食を通して難民への理解を広めたいと、〈難民ナウ！〉のスタッフとなった。一人ひとりが、自分のライフスタイルに合わせて難民問題との関わりを見出す契機となった。

今も、協賛という形で三条通りジャックに関わった店や企業、そして住民から、折に触れて難民問題に関する質問や、自分たちの店舗をイベントに提供するという申し出が寄せられる。地域の人々が、〈難民ナウ！〉のネットワークの広がりと活動の継続に「インパクト」を感じてくれるようになった。地域の人々が参加したことで、地元の店や企業の参加につながった。そして街中でのイベントは「お買いものしながら考える難民問題」というキャッチコピーの通り、これまで難民問題に関心のなかった人々をゆっくりと巻き込みはじめたのである。

「難民問題をめぐるアート展」——多様な側面を伝える

「難民問題をめぐるアート展２０１０」は、難民はただ「かわいそう」な存在ではなく、多様な側面を持っている、そして、難民問題は、地域コミュニティの日常生活ともつながりうる、という2つのメッセージを結びつけようと開催されたものである。

内容は、アーティストに「難民」や「難民問題」という言葉を耳にしたときのイメージを絵画作品にしてもらい、その作品と、作品に込められたメッセージを合わせて展示する、というもの。難民という存在の多様性を、アートの多様性と重ね合わせて伝えるとともに、足を運んでくれた人に、参加の実感を持つ「場」を提供することが目的だった。

来場者が自らの難民に対するイメージと、作品や言葉を通したアーティストの難民に対するイメージを重ね合わせるという行為が、例えばパラパラ漫画を手にとる行為に似ていると考えていた。作品をただ鑑賞するのではなく、「ひと手間かける」ことによって、自分自身への問いかけのツールとすることで、主体的に関わる体験となる、という意味で。

最終的に関西を中心に活動する９名の若手アーティストの絵画作品が展示された。寄せられた作品は、チベット自治区を訪問したときに見上げた国境の山や、難民の少女といった具体的なものから、難民が歩いていく道が安全で心安らぐものになるように、との願いを込めた一本の道の絵など9人9様だった。

来場者用アンケートに複数の人が書いた、「そもそも、これまで難民のイメージがありませんでした」という言葉が印象に残っている。難民というイメージがぼんやりとしているために、問題が捉えきれないのではないかと考えていた私たちにとって、イメージすら浮かばないほど、難民が遠い存在であることを痛感した。

アート展では、「難民」の多様性を伝え、地域コミュニティと結ぶという点では成功を収めたが、「アート展を通して、難民と僕らの関係は変わっていないのではないか」というスタッフの問いかけから、「支援する／される」という関係性を見つめ直すこととなった。私たちにとって3度目の転機だった。

アート展より　吉田理紗《少女》

「マッププロジェクト／レボプロジェクト」——海外と結ぶ

〈難民ナウ!〉は、世界中のコミュニティラジオの番組制作者や研究者によって構成されている国際NGO「世界コミュニティラジオ放送連盟」（以下、AMARC）のネットワークを生かし、2つのプロジェクト、「難民ナウ! Meets Asia-Pacific（アジア太平洋地域と出会う）プロジェクト」（Map・マッププロジェクト）と、「難民ナウ! Learn from diverse voices（多様な声から学ぶ）プロジェクト」（Levo・レボプロジェクト）に取り組んだ。広く海外の人々が難民をどのように捉えているか、という視点を持ち込むことで、「難民」の多様性を伝えようとしたのである。

○AMARC（世界コミュニティラジオ放送連盟）

まず、〈難民ナウ!〉が参加したAMARCという組織について見ておきたい。AMARCは、世界110ヵ国以上に4000を超えるメンバーを有する国際NGOである。コミュニティの人々が主体的に参加するラジオ、すなわちコミュニティラジオの普及に努め、国際的レベルから地域レベルまで、コミュニケーションの権利のため政策提言を行っている。本部はカナダのモントリオールにあり、1983年、世界からコミュニティラジオに関心を寄せる実践者、研究者らが集まったのがはじまりとされている。

日本では、2007年にAMARC日本協議会が設立され、〈難民ナウ!〉も参加した。そして、世界女性の日（3月8日）や、人種差別撤廃デー（3月21日）に合わせた国際キャンペーンに番組を制作、提供するなどつながりを深めていった。

○マッププロジェクト

AMARCアジア太平洋地域総会が、2010年2月にインドで開催され、20ヵ国、400名を超える参加者が集った。

私は、地域総会に参加して、海外の人々が「難民」という言葉を耳にしたとき、どのような印象や考えを持つかを取材し、日本のリスナーに紹介することにした。まず、〈難民ナウ！〉がどのような取り組みをしているグループであるかを明確にするため、総会の分科会で「日本における難民支援のための国際的なメディアネットワークの必要性」をテーマに報告を行った。マザー・テレサの「愛の反対は憎しみではなく無関心」という言葉を引用し、憎しみと無関心が並べて用いられるのは、両者が近い存在だからではないか、と問題提起した上で、憎しみの発露の一つである暴力と無関心もまた近い存在ではないかと推論した。そして、UNHCRがそのプレゼンスによって国際社会の「監視の目」の存在を紛争の当事者に示し、さらなる暴力の行使に抑止効果をもたらすように、国際的な市民の「連帯の声」のプレゼンスが日本社会に紹介されることで、無関心に対する抑止効果として働くと結論づけ、インタビューに協力をしてほしいと呼びかけた。これがマッププロジェクトの始まりである。

質問の内容は、「あなたが、難民や難民問題と耳にしたとき、どのようなイメージを持ちますか」という1点であった。「難民」という言葉が政治的な意味を持つため、インタビューには応じられないという人や、自分たちの国には難民が存在しないため、質問に答えられないという人など、予想していなかった反応もあった。またインドの参加者に、私たちのコンセプトが「難民問題を天気予報のように」であることを伝えたところ、不思議な顔をされた。確認すると、インドでは天気予報はあてにならないものとして認識されていることを教えられ、難民のことではないが、多様な意見に耳を傾けることの重要性を再確認することとなった。最終的にネパールやインドネシア、バングラディッシュ、スリランカなど11ヵ国、24名にインタビューを行った。

帰国後、地域総会にともに参加した、国連地域開発センター（当時）の中村隼人さんが、番組に出演し、インタビューに解説を加えてくれた。*14

例えば、メキシコからの参加者へのインタビューで語られた、「メキシコには難民受け入れの長い伝統があり、ラテンアメリカ、ロシア、世界中から人が来ていたこと、そして最近ではグアテマラからの難民が来ていることを思い浮かべます」という内容を紹介した。それに対して中村氏は、ソ連のリーダーの一人であったトロツキーがメキシコに亡命し、そこで暗殺されたことなどを解説し、「メキシコは、難民を受け入れることで歴史の表舞台に出てきた興味深い例」であると紹介した。そして「日本も経済問題が落ち込んでいる中で、国際的な地位も落ち込んでいるが、難民受け入れは国際社会でのプレゼンスを高める国策に関わる重要な問題として検討する余地があるのではないか」とまとめた。

「海外のことを知ると、難民問題が身近になる気がする」という声が、リスナーから寄せられた。同様の取り組みを続けてほしいという反応があったため、２０１０年11月、アルゼンチンで開催されたＡＭＡＲＣの第10回世界大会でも、同様の取り組みを行うこととした。プロジェクトの名称を、レボ（Lern from diverse voices）プロジェクトとした。タイ、チャド、パレスチナ、スペイン、ペルー、フィジー、インドネシア、デンマーク、タンザニア、エルサルバドル、ウガンダ、アルゼンチン、バングラディッシュ、カナダ、フィ

レボプロジェクトでインタビューに答えるパレスチナからの参加者

リピン、ドイツ、セネガル、米国、スイス、メキシコ、そしてウルグアイの21ヵ国、40名が、難民について語った。

マッププロジェクトやレボプロジェクトのような試みは、テーマを絞り込んでいけば、難民受け入れを考える際などの政策提言にも説得力のある声となりうるのではないか。2つのプロジェクトを通して私が見たものは、遠くの出来事になりがちな難民問題が、遠くに暮らす人々の声を通して身近になる、という一見すると不思議な現象だった。

「関わりがなかった」人の参加がもたらすもの

〈難民ナウ！〉を通して出会った難民や、難民を支援する人たちは、例外なく「関心を持ってほしい」と訴えた。それは、難民の存在や活動そのものに十分な関心が払われていないことを示している。一方、イベントの参加者からは、「難民問題は知っていましたが、どういうことなのか詳しく知りませんでした」「日本にも難民がいることを知って驚きました」など、これまで曖昧だった「難民」について、問題の所在が明らかになったことを示す感想が多く寄せられた。

私たちが最も大切にしたことは、関心がなかった人が、少しだけ難民問題に思いをはせ、「自分の問題として」自分にできる範囲で難民問題と関わる、ということだった。そのため日常生活の中で「天気予報のように」情報を発信し続けた。そして、自分の声によって難民問題と他の問題のつながりを広げたい、というスタッフたちが集まり、難民問題を語り合う「場」が生まれた。彼らを中心とした友人や家族、という小さなネットワークを通して、難民問題への関心が少しずつ広がった。また、「片手間にできる国際協力」というスタンスは、就職や結婚を経て、日頃の活動には参加できなくても、「ゆるく」関わりを保ち続けることを可能にした。時間が経ち、距離が離れても、一度つながりが生まれ、頭の片隅に難民が存在すれば、いつか、その人にとってのタイミングで難民問題に関わる可能性が開かれる。そして、国連や国際NGOとのネットワークがインパクトとして、地域の人々に受け入れられたことにより、地域の多様なアクターが関わりはじめた。

地域コミュニティには「地域生活情報」と「地域課題情報」があり、「地域課題情報」がより重要であると言われる。地域の課題を把握し共有することから、受け手の姿勢が積極的な情報の活用と、その情報にもとづく能動的な活動へと発展していく可能性を帯びているためである。それでは、地域外の課題情報と地域コミュニティは、どのような関係を結びうるのだろうか。例えばある研究では、コミュニティとコミュニティFMとの関係について、テーマ・コミュニティ（特定の課題への関心を共有するコミュニティ）だけを持ったコミュニティFMは、地域社会との関係をうまく築けず、逆にローカル・コミュニティ（地域コミュニティ）だけのコミュニティFMは、番組の魅力という点においてリスナーに聴いてもらえるラジオ局として受容されることは難しいとしている。*15 だが、これは言い換えれば、両者を結びつける地道な取り組みが実を結べば、コミュニティに根ざしたメディアはより大きな役割を担いうるということである。地域外の課題情報であっても、伝え方によって地域内の課題に目を向ける契機となり、地域住民の中で自分たちの問題として捉える視界を開く。そのとき、これまで関わる人々が限定されていた「遠くの問題」は、思いもよらない解決策を見つける可能性を帯びはじめる。

私は、難民問題が深刻な課題でありながらマイナーなテーマであり続ける理由を考えていた。そして、「教育とメディアの現場」での「難民の不在」が大きな原因だと捉えていた。

しかし、活動を進めるうちに、そもそも政府が、私たちの日常とは切り離されたところで難民への対応を場当たり的に「実験場」のように進めてきたことが、より大きな背景だと感じるようになった。さらに、例えばアート展で寄せられた「難民のイメージそのものがありませんでした」という言葉や、イベントのアンケートに書かれた、難民問題に対する圧倒的な関心の低さから、マイナーなテーマであり続ける理由は、多くの人々の中にある、難民問題を「見まいとする力」も共鳴していたことも要因の一つではないかと考えるようになった。活動の継続に比例して、なぜ、難民が存在するのかという原因や、難民とは誰か、ということを整理して、繰り返し発信することの重要性を強く意識するようになっていった。その中で、3月11日を迎えた。

第2章　〈難民ナウ！〉と福島の接続

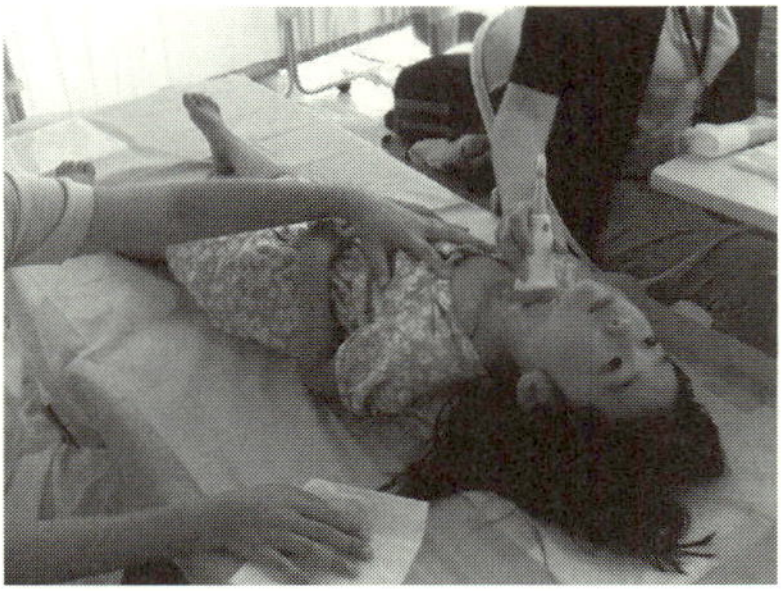

福島県県民健康調査の
甲状腺検査
（撮影：佐々木るり）

震災直後の取り組み

２０１１年3月11日、私は東京にいた。〈難民ナウ！〉の取り組みと教育の現場を結びつけようというプロジェクトの打ち合わせに向かっていた。午後3時の約束より少し早く現地に着き、近くのコンビニで買い物をしていたとき、突然、店内が歪みはじめた。歪んだのではなく、自分が揺れているのだと気づくまで少し時間が必要だった。女性の悲鳴に驚いて店の外へ出ると、都心の幹線道路で車が急停車しはじめた。向かいの高層ビルから、割れた窓ガラスが大きな音を立てて落ちてきた。

どこに電話をかけてもつながらず、周囲の人々と顔を見合わせていた。しばらくして、高層ビル群の狭間にある公園のようなスペースに人々が集まり、私もそれに加わった。しかし誰にも状況は分からなかった。約束していたオフィスに2時間後の午後5時に向かった。大きな余震が続く中、何度かビルの外に避難しながらも、他にどうしようもなく打ち合わせを続けた。津波によって甚大な被害が出ていると分かったときには、事務所を出ることができず、結局11日の夜はそのオフィスに泊めていただいた。この日、都心には数百万人の「帰宅難民」があふれたが、私もその一人だった。翌日、京都に向かう新幹線が動いていると聞き、帰路についた。

東日本大震災。地震・津波による被害で、「難民のような」状況に置かれた夥しい数の人々が一気に眼前に現れた。〈難民ナウ！〉は、3月13日から震災特番の収録を開始した。「自分たちに何かできることはないか」との素朴な思いに駆り立てられてのことである。ただし当初は、被災者の置かれた状況と難民問題のつながりは、必ずしも意識されていなかった。テレビでさかんに報じられるようになった福島第一原発の事故も、それがどのような意味を持っているのか、私たちはまだ理解できずにいた。それでも、被災した人々の声を直接、聞くことが困難な中で、最も被災者の近くで活動する人々こそ現実的な被災者のニーズを把握しているはずだと考え、震災直後から緊急援助活動を展開した国際協力NGOへのインタビューを開始した。彼らの多くは日頃、国内外で難民支援を行ってきた団体だった。

インタビューは、留学生などボランティアの協力を得て、英語・フランス語・スペイン語・中国語の4ヵ国語に翻訳し、海外へも伝えるよう努めた。AMARCの活動を通じて知り合った、海外のコミュニティラジオ関係者たちから、マスメディアでは伝えきれない情報の提供を求められたことがきっかけである。しかし、多言語の翻訳・放送は、扱う言語の数に比例して作業量の増大をもたらす。いきなり5ヵ国語放送で5倍となった作業量に、スタッフは悲鳴をあげた。それでも自分たちにできることを今やらなければ、難民問題に関わってきた自分たちの取り組みそのものを否定することになるのではないか、と放送を続けた。当時、「あれは被災とか、避難という次元を超えて、難民という状況」という言葉をよく耳にしていたし、被災した人が、「難民になってまで生きていたくない」と漏らしたという話を友人の体験談として聞くうちに、徐々に震災と難民問題とのつながりを自覚するようになっていたからだ。

多言語放送に協力してくれた、ある留学生は３月末でフランスに帰国してからも翻訳を続けてくれ、制作現場は大いに勇気づけられた。〈難民ナウ！〉が放送されているラジオカフェでも、震災直後から放送スケジュールを大幅に変更して震災特番を組んだが、震災特番を共同で行うということで、放送利用料を負担するという形でサポートしてくれた。結局、１ヵ月のあいだ、〈難民ナウ！〉は、震災特番を連日放送し、その後も６月末までは可能な限り放送回数を増やした。

震災特番で取り上げた、被災地での支援に関するインタビューは、２０１２年３月13日の国際ＮＧＯ「ワールドビジョン・ジャパン」（本部・東京都）が最初だった。

毎回のインタビューでは、「海外の紛争地で経験したような光景が広がっている」という、生々しい現状が伝えられるとともに、そうした困難な状況であっても、前へ進むためにリスナーの参加が必要、というメッセージが繰り返し発せられた。一部を紹介したい。

時間が必要になると思いますが、(災害に見舞われた多くの国がそうであったように)日本も復興ができないわけはないと信じています。みなさんの希望を大きな力として支援を届けたいと思っています。(ピースウィンズ・ジャパン)

避難生活が長引く中で、必要なものが刻一刻と変わっていくと思いますので、その変化をしっかり見ながら、少しずつ丁寧に、息継ぎしながら関われればと思っています。皆さんも長い目で見て、考えていただければと思います。(日本国際ボランティアセンター)

よく「どう支援すればいいですか」と聞かれますが、〔中略〕どんな形でもいいので、私たちは被災者の人たちを忘れてはいないというメッセージを皆さん一人ひとりが出していって

もらえればと思います。（ＡＭＤＡ）

（阪神淡路大震災の経験から）やがて映像にも映らなくなってきてからが本当に大変になってくることをご理解いただきたいと思います。（シャンティ国際ボランティア会）

震災が起こったとき、私もすぐに現地に飛んでいって何かしたいと思いました。でも実際に自分に何ができるのかを考えたときに思い出したのが、「熱い心と冷たい頭」という言葉でした。自分がしたいことではなくて、実際に被害にあっている方が本当に何が必要なのか、そして自分がそれに対して何ができるのかを冷静に考えないといけない。長期にわたる支援を、必要な人に熱い心を持って続けることが重要と思いました。（国連ＵＮＨＣＲ協会）

こうしたメッセージは、国内外で難民支援を行っていた団体の取り組みが、被災地で同じように行われたことを示していた。「難民」は決して特異な、他の多くの人々と無縁な存在ではなく、誰にでも起こりうるというリアリティが突きつけられたのである。〈難民ナウ!〉は、その点を強調し、多くの人々の参加を呼びかけた。これまで、難民問題という、遠く離れたところで起きている（かのように思われている）問題を地域コミュニティに伝えようとしてきた〈難民ナウ!〉は、「現地で被災者に寄り添い、最もニーズを把握しているNGOと、離れたところで何か行動を起こしたいと思っている人々の思いをつなぐ」ことを目的とした。「どの団体へ寄付をすればよいか」と尋ねてくる人たちもあり、実際に、「番組を聴いて寄付先を決めた」という声を多く聞いた。震災以降、〈難民ナウ!〉は、被災地の状況と難民問題とを織り交ぜながら、その結節点を模索していたのである。

しかし、その取り組みは、2011年4月19日、文部科学省が、子どもの被ばく限度量を年間20ミリシーベルトに緩和すると発表した[*16]ことを契機として、決定的に「福島」と結びついた。

なぜか。１９８６年のチェルノブイリの事故では、年間の追加被ばく線量が５ミリシーベルトで住民の避難が義務づけられた。何よりも子どもは、大人の約４倍、放射能に影響を受ける。日本では従来、（自然放射線被ばく及び医療被ばくを除く）一般公衆の年間被ばく限度が年間１ミリシーベルトと定められていた。その基準が乱暴に変更されたとき、〈難民ナウ！〉が、これまで難民問題を通して訴えてきた、「子どもが自分の家で安心して暮らせる日」が、福島で失われるのではないかと強い疑問を持ったのである。

原発設置と原発事故に１００％、全く、責任のない子どもに、放射能汚染が押しつけられようとする現実を見過ごすことは、私には目の前で繰り広げられる暴力を前にして、平然と食事の手を止めようとしない行為と同じように感じられた。そして、それぞれの立場にいる人々が、自分の得意分野を生かして、できることに取り組んでいくという、難民問題に関わる中で培ってきた視点をもとに、「福島から離れた京都だからこそ、できること」を考えるようになっていった。

構造的暴力への着目

私は、難民問題を知り、「何かできることがあるはずだ」という思いから、番組を作りはじめた。放送を重ねる中で難民と出会い、難民はただ「かわいそう」な存在ではないことに気づき、活動は形を変えていった。福島の問題でも同じだった。「子どもの被ばくを何としても避けなければ」という思いから福島に関わりはじめた。そして、福島の人々と出会った。その中で、当初は考えていなかった、難民問題と福島の共通項に気づくことになった。「構造的暴力」の問題である。

人が強制的に移動を余儀なくされる。それが難民問題の根底にある現象だが、強制移動の研究分野では、さまざまなタイプの人の移動が、さまざまなカテゴリーで整理されている。例えば、かつて、狭い意味での「難民」は「政治的迫害」により移動を強制された人々と定義されていた（序章で述べたように、その定義は拡大される方向にある）。地震・津波による被災者や避難者は「災害による強制移動民」であり、チェルノブイリの事故に関しては「環境災害あるいは技術による災害から逃れた強制移動民」という位置づけである。しかし、「原発の事故による避難民」の問題は、日本社会の中で原発が設置された過程を踏まえれば、技術の問題だけに回収できるものではなく、「構造的暴力」によって移動を余儀なくされた人々、という観点から捉えることも可能だろう。

構造的暴力とは、平和学者であるヨハン・ガルトゥングが１９６９年に提示した概念である。ガルトゥングは、平和を暴力との対比として捉え、平和とは暴力の不在であり、暴力を克服するプロセスであるとした。そして、暴力を加える人がいる場合は「直接的暴力」、暴力を加える人が存在しない場合を「構造的暴力」と定義した。*17 これは、きわめて幅広い概念であるため、あらゆる社会問題を対象とすることになりかねない点や、権力との区別が曖昧である点などに留意する必要があるが、簡単に言えば、「社会構造の中に組み込まれている不平等な力関係」のことで、「政治的抑圧、経済的搾取、差別、植民地支配」などがその代表例である。さらに端的に言えば、「苦痛を生み出し続ける構造」ということになる。もっとも、この構造的暴力という概念自体は、1960年代に、主に第三世界の貧困や飢饉の問題に接近する概念として用いられたという歴史を持つため、現代の暴力を明確に捉えきれるのかという議論もある。しかし、この本では、見えにくい暴力を可視化する際に有用な概念として用いることにしたい。

ここで参考になるのが、震災以降に盛んになった、福島(をはじめとする、原発を設置された地域)を「植民地」というキーワードで論じる議論である。つまり、原子力行政を推進してきた官庁・企業＝「中央」と、原発および関連施設を抱える地域＝「周縁」のあいだに、まぎれもない植民地支配／被支配の関係が存在し、中央のために周縁が食糧・労働力・エネルギーを供給するという構造が戦後の日本社会のいびつな経済発展のプロセスのなかで固定化されてきたという経緯に、人々の目が向けられたのだ。

例えば、日本国家の植民地主義的性格がいかに根深いかを強調するため、沖縄と福島の類似点に着目した哲学者の高橋哲哉は、次のように述べる。

戦後日本においても植民地主義は、沖縄を犠牲とする日米安保体制というシステムとして、また原発という犠牲のシステムを国策とするというかたちで、今日まで生き残ってきた。[*18]

そして、米軍基地や原発の存在を、民主主義的に押しつけられてきた植民地主義の観点で捉えている。

また、開沼博は次のように指摘する。

そこでなされたのは、植民地征服であり「内国植民地」の征服でもあった。〔中略〕自国内に後進性・周縁性をもった〈他者〉を見つけ出し近代的な〈自己〉が征服していく極めてコロニアルなプロセスとも捉えることができるだろう。[19]

もちろん、そういった「植民地化」は、強引な中央の官庁・企業による絶え間ない抑圧によって生まれているわけでは必ずしもなく、中央が見た、核燃料サイクルによって自国内での資源確保を擬似的に達成するという夢と、戦後の貧困と相対的な未開発のなかで発展を望む地方の動きが、相互作用のもと、共鳴しあいながら支え合う体制を確立していったと開沼は見る。そこには、ある種の共犯関係が存在していたとするのである。

しかし、原発は、建設後20年程度は設置された地域に繁栄をもたらすが、それ以降を境として、老朽化や施設維持をめぐり徐々にその恩恵を減じる。地域は、設置当初に建設した施設など、規模が膨らんだ財政を守る必要に迫られ、再び恩恵をもたらす原発施設の増設や建替えなどを求めていく、という一種の中毒状態に陥ってしまう可能性を持つ。こうして、その地域は原発依存のサイクルから抜け出せなくなり、原発以外の産業が育ちにくい状況に固定される。

このような、原発をめぐる「植民地化」の状況について、福島の原発事故以前、多くの日本国民はほとんど何も知らなかったと言ってよい。主要なメディアは問題の所在を伝えず、ＴＶコマーシャルでは「クリーンなエネルギー」＝原子力がもたらす快適な生活が強調されていた。そういう私も何も知らなかった一人である。共犯関係は中央と地方だけではなく、私たちの暮らしに深く深く入り込んでいたのである。

このように、原発をめぐる中央／周縁のアンバランスな関係の形成を「植民地化」という観点で見てみれば、そこで働いている「構造的暴力」が、難民をめぐって日本社会で働いてきた暴力と同質のものであることが浮かび上がる。厳然としてそこに存在している問題を、あたかも存在しないかのように、問題の所在を見せまいとする力が働き、私たちもまた、問題の所在を見まいとすることで、その暴力的な構造に加担してしまう。

原発事故によって人々を避難させている背景に「構造的暴力」を見出した時点で、〈難民ナウ！〉が「福島」に接近を始めたことは、むしろ当然の成り行きだった。

「見せまいとする力」「見まいとする力」

私たちは今日、放射能汚染による「強制移動」の可能性にほとんどすべての人がさらされている社会で生活を営んでいる。内部被ばくや低線量被ばくを不安に思う声が大きくなり、また原発の存在そのものを見直そうとする行動も広がっている。その中で、現在の日本社会は、かつての福島のように、特異にも見える「秩序と安定」とそれを覆そうとする力がせめぎ合っている。

この「秩序と安定」は、国民の原発のリスクを「見せまい」とする力によって維持されてきた。この力は、さまざまなレベルで働く。まず、原発を運営する電力会社の内部で、事故やトラブルなど不都合な情報を外部に出さず、隠蔽しようとすることによって。さらに、電力会社を監督するべき立場にある政府の公的機関が、チェック機関の役割を満足に果たさないことによって。そして最後に、電力会社と監督官庁の双方を監視すべきマスメディアが、やはりその役割をなおざりにすることによって、原発をめぐる問題は国民の目に不可視のものとなってきたのだ。いわゆる「安全神話」の形成である。福島の事故後、電力会社・政府・マスメディアの癒着には批判が集中し、隠されていた情報を表に出せという圧力が強まった。

しかし、マスメディアは、この「見せまい」とする力をあいかわらず手放そうとしない。例えば、2012年6月、原発の再稼働をめぐって毎週金曜日に首相官邸前に人々が集まり、その数が加速度的にふくらんでいったとき、それを伝えるメディア、伝えないメディアが存在した。ただし、断っておきたい。私が出会ってきたマスメディアの人々は、問題の所在を的確に見極め、情熱をもって、それを伝えようとする尊敬に値する人々だった。その一方で、マスメディアは公器と言われるが、企業もしくは組織である。何を伝え、何を伝えないかの判断は、組織の維持を第一の目的として判断される。その点を踏まえずに、万能の対応を求めること自体に、マスメディアと私たちの不幸な誤解があるのではないだろうか。多様なマスメディアの特性を見極め、どのメディアから「卒業」するかを考えることが重要である。

もっとも、電力会社が、政府が、マスメディアが「見せまい」とする力を一方的に行使することだけが問題なのではない。問題は、私たちの中にある「見まい」とする態度でもある。放射能汚染で福島を追われた人々や、子どもの被ばくを懸念する親たちが「原発の再稼働を許してはならない」「事故が起こってからでは遅い」と繰り返し訴えても、日本社会を覆う「今までの生活を維持するためなら仕方ない」というムードは、いまだ揺らいでいないように見える。そうした中、まるで事故などなかったかのように、原発の再稼働や海外への輸出が話題となっている。奇妙な「秩序と安定」は、今まで慣れ親しんだ生活を全部ひっくり返してしまうことに抵抗感を覚えるときに、その問題が遠くの出来事であるかのように「見まい」としてしまうメカニズムが、私たち一人ひとりに作用した結果、生じる。

この「見まいとする力」について、ある難民の言葉からさらに考えたい。彼女は、「みんな、難民と聞くと何かしてあげないといけない存在、というように感じてる。だからみんな離れていく」と私に言った。この言葉は、難民との距離が、決して無関心によるものだけではないことを示している。困難な状態を見ると、心の優しい人は、関わる必要を感じる。しかし関わることで生じる変化に対応する準備は十分にできていない。日常生活は精密機械のように隙間なく動いており、新たな行動を加える余地が見つからないのである。さらに、自分一人が参加しても何も変わらない、という無力感も後押しをする。そのとき、その人は関わることをためらう。そして問題の認識と行動に移さないジレンマに良心が痛む。関心がないのではなく、その先にある精密機械のようにできあがった日常生活、行動の困難、良心の痛みまでを見通すからこそ、距離を置こうとするのである。そして、問題を遠くにあることだと設定すると、問題は少しずつぼやけはじめ、やがて痛みを感じる機会も少なくなる。だから見ることを避けようとする。権力が、他者に対して直接的、構造的な暴力をふるっているとき、それを見ないで済むようなシステムが作り出され、精密機械のような日常生活の中で、一人ひとりの優しさゆえの「良心の呵責からの逃亡」が呼応するのである。

戦争や植民地支配によって離散した人々を追い続けてきた作家の徐京植は、一部の専門家のあいだでは危険性が認識されながらも、利潤追求のために使い続けられてきた原発が、生を根こぎにされる人にとっては明らかな暴力であり、人間が人間を害している点において地震・津波とは異なるものだと言う。*20 かつて、政治学者の藤田省三は、戦後経済市場の急激な巨大化において、人々が一斉に「便宜」を求めてその膨張過程に参加していったと論じた。徐は、この議論を手がかりに、「安楽全体主義」の存在を指摘する。より便利な暮らしを追及することが、上からの押しつけではなく、人々が進んで受け入れたものであり、広島、長崎の原爆で終わったかに見えた全体主義に終止符が打てていなかった――

「安楽全体主義」がいまだに日本社会を支配している、というのだ。そして、今回の原発事故という放射線被害を乗り越えるために、「安楽全体主義」に思いが向いているかと徐は問いかけている。

もちろん、私たちがこの「見まいとする力」から脱却するのは簡単ではない。そこに、どのような難しさがあるのか。ここでは、その難しさを理解する手がかりを、徐もとりあげている、アウシュビッツを生き残ったイタリアの作家プリーモ・レーヴィの言葉に求めたい。

１９４４年４月に、アウシュビッツに収容され、１９４５年１月にソ連軍によって解放された経験を持つ、イタリア現代文学、生存者文学を代表する作家であったレーヴィは、アウシュビッツの経験者に向けて繰り返し問われることとして、「なぜあなたたちはその『前に』逃げなかったのですか。国境が閉鎖される前に。罠が作動する前に」という質問を挙げている。*21 その問いに対して、レーヴィは、１９３０年代のヨーロッパでは、ほとんど大部分の人にとって「外国」は遠い、漠然とした背景であり、当時はヨーロッパ諸国の国境が実質的に閉ざされており、イギリスや南北アメリカは少数の移民割り当てしか認めておらず、移住を組織するのはだれにも難しいことだったとする。そして、こうした問いは、歴史をステレオタイプ的に見ている印であることに注意を促す。その上で、レーヴィは、移住の困難について、内部的、心理的性質の別の困難があったことを指摘する。「この村、町、地方、国は私のものである。そこで生まれたのだし、祖先はそこに眠っている。そこの言葉を話すし、そこの習慣や文化を身につけている。おそらく自分もその文化に貢献している。税金も払っているし、そこの法律を守っている」という、「能動的な愛国主義というよりも、定住的で、家庭的であるこの道徳律」の存在である。

そして、大量虐殺の予兆に関しても、「不安をかき立てるような推測はなかなか根付かないのである。極限状態が来るまで、ナチの（そしてファシズムの）信徒が家々に侵入してくるまで、兆候を無視し、危険に目をつぶり〔中略〕都合のいい真実を作りだすやり方を続けていた」とする。

レーヴィは問いかける。

私たちはどれだけ安全なのだろうか、世紀末と新たな千年紀に生きている私たちは。〔中略〕今日の恐怖は、かってのと比べると、どれだけ根拠のないものなのだろうか。私たちは自分たちの父と同様に、未来に盲目である。〔中略〕当時に比べるとパスポートやビザを得るのは非常に簡単である。それなのになぜ私たちは出発しないのか。なぜ故郷を捨てないのか、なぜその「前に」逃げ出さないのか。*22

私たちは時に、人が加えられている暴力を憂慮し、関心を持ちながらも、「優しさ」ゆえに目を向けることを避けようとする。そして今まで慣れ親しんだ生活をひっくり返してしまうことになかなか踏み出せない。こうして「見まいとする力」は、その土地で積み重ねてきた「歴史」や、少なくとも当面は安定している（ように見える）「日常」の変化を好まない思いに支えられる。その力が私たちを、排除しつつ排除され、隠蔽しつつ隠蔽される存在にしてきたのである。

「潜在的難民」の視点

「見まいとする力」に抵抗することは容易ではない。私は、阪神淡路大震災のときに、そのことを痛感した。同じ関西圏で暮らしていて、震災時の大きな揺れを味わったものの、ボランティアに踏み出すことができず、自分の生活のリズムを優先した。神戸に行かない理由。家族を病院へ連れていくことであったり、自分の仕事の忙しさであったり、理由には事欠かなかった。そうしたものに、どこかでぎくしゃくとしたものを感じながらも月日を重ねた。何かできることがあったのではないかと自問するようになったのは、震災からしばらく経ってからだった。

「何かができたはず」という思いは、だから、私が〈難民ナウ！〉の番組作りを始めたことと密接な関係がある。ラジオ番組を通じて難民問題を取り上げることは、私にとって、自分自身の中にある「見まいとする力」と闘うことだった。そうやってラジオを通じて情報発信を行っていると、今度は、自分の身の回りにいる人たちの内部に働く「見まいとする力」が、「あたりまえ」の日常生活と難民問題へのコミットメントとのあいだに壁として立ちはだかっていると感じるようになった。今のこの日本社会で日常生活を過ごしていると、難民問題は「目には見えない」。その生活感覚からすると、「見まいとする力」に身をゆだねることの方が「あたりまえ」になってしまうのだ。だからこそ、〈難民ナウ！〉では、カフェやアート展など、多様な参加の糸口を提供することで、「見まいとする力」の障壁に、できるだけ多くの風穴を（たとえ小さなものであっても）開けようとしてきた。

「私たち」と「難民」

そこで、私たちの暮らしている日常に風穴を開けるためのキーワードとして浮上してきたのが、「潜在的難民」という言葉だった。

もともと私は、震災当初から、放射能のために移動を強制された人々が「難民」と呼ばれることを懸念していた。これまで難民問題に関わってきた中で、難民という言葉に独特のネガティブな響きが付与されるのを実感していたためであった。難民の人々自身が、そもそも「難民」という言葉に、「何もできない、汚い、危険」というような意味が含まれていると指摘している。私も、否定的な言葉で友人が呼ばれることに怒りを覚えたことがある。他に、「難民」の尊厳を傷つけない言葉がないかと考えたこともあった。だから、この言葉が福島の人たちにどのように聞こえるかと思うと心苦しかったのだ。実際、先に触れた、「難民になってまで生きていたくない」という言葉に象徴されるように、難民という言葉のネガティブな響きは被災地に生きる人々には意識されており、この言葉がまた新たな差別を生むのではないか、と危惧された。安全な場所にいる「私たち」と、福島の「難民」。——そんな二分法が成立するのは避けなければならない。

そんなことを考えていた頃のこと。恩師である同志社大学の今里滋教授と研究室で話していたとき、今の日本社会では「誰もが難民になる可能性がある。誰もが潜在的な難民状況にあって、『潜在的難民』であることが明確になった」という現状分析を聞いた。そのとき、もし私たち自身も「潜在的難民」であるなら、その自覚を多くの人が共有できるなら、「私たち」と「難民」の二分法が解消されていくのではないか、と思った。これまでの日本社会を支配していた、私たちと難民との圧倒的な距離感が揺らいだ、と感じた瞬間でもあった。

当事者に「なる」

もし私たちが、自分たちが「潜在的難民」であることに気づき、自分たちの置かれている状況を変えるために声をあげるならば、「潜在的難民」という事態の当事者として、現在の問題に関わる道が開かれるだろう。しかし現実には、「潜在的難民」の当事者として行動する、ということが何を意味するのか、スムーズに理解できる人は少ないかもしれない。

ここで参考になるのが、要介護の障がい者による自立生活運動と「当事者」概念である。要介護の障がい者や高齢者が、社会の中にある不自由な側面を社会の責任だと認識し、声をあげて自らのことを決定していく。具体的には、障がい者にとって「不都合な社会のデザインやルールを変更し、公共の設備や機関をアクセス可能にし、必要に応じて必要なだけの介助サービスを利用し、暮らし、仕事、余暇における差別を取り除く」[*23]こと。これが自立生活運動である。この運動を当事者概念から考察した社会学者の上野千鶴子は次のように述べている。

「要介護当事者」とは要介護のニーズを顕在化し、それが社会的に満たされるべきであることを要求した権利の主体を指す。そうでない高齢者は、客観的には同じような心身の状態にあっても要介護当事者とはならない。「当事者である」ことよりも「当事者になる」という

ことに意味が発生する＊24

徹底して当事者の声を重視する「当事者主権」という考えは、「潜在的難民」をキーワードに福島の問題を考えようとしていた私にとって強いメッセージを持っていた。私たちは実際には「潜在的難民」で「ある」。しかし多くの場合、そのことに目を向け、それを変えるために主体的に行動しようとはしていない。私たちが自分の置かれた状況を認識し、そのような状況を作り出した社会のルールを変えるために行動を起こした時、私たちは「潜在的難民」に「なる」。そうすれば、自分たちを取り巻く危険な状況を憂いたり、分析するだけに止まらず、難民や福島の人々を応援するということにも止まらず、難民や福島の人々と連携し、同一線上で関わることに道が開かれるのではないか。それが実現すれば、「支援する／される」という二項対立の克服がなされる。

そして、〈難民ナウ！〉が続けてきた、制作現場に多くの人を巻き込みながら、少しずつ遠くの出来事を日常生活の中に取り込んでいくアプローチ、「関わりがない／ある」という二項対立を克服してきたアプローチが、この福島の問題に取り組む上でも生きるのではないかと考えた。

――こうして私は、「潜在的難民」という言葉を発信する場とタイミングを探すこととなった。放射能汚染の危険に瀕した子どもたちの問題を、「自分の問題」として感じながら、同時に他の人たちにもそれが「自分の問題」だと感じてもらえるような、メディアによる情報発信ができるのではないか。その思いが、新たな試みにつながっていった。

第3章　〈難民ナウ！ＴＶ〉――「潜在的難民」の時代を照らす

原発事故被害者支援法
市民提案の集会で語る
宍戸慈さん

「潜在的難民」という言葉は、いつ難民のような状況になるか分からない立場を表し、国家との最小限度の信頼を問い直すとともに、これまで自身を第三者の立場に置くことで「より弱い立場」にいる人たちの所在を隠蔽してきた自らの責任を顕在化させる。そして、目の前の問題に「自分のこと」として関わる可能性を問いかける言葉である。

しかし、そもそも自分が「潜在的難民」であると気づくためには、何らかのきっかけが必要である。*25 そして今の日本社会には、それに気づかせないようにする構造が厳然として存在する。震災から日にちが経つにつれ、その構造が再び強化されていくのを肌でひしひしと感じるようになった。一方で、子どもを被ばくから守るためには「待ったなし」の状況であり、一人でも多くの人の参加が必要だ。多くの人が参加すれば、これまで関わる人々が限定されていた「遠くの問題」について、思いもよらなかった解決策を見つける可能性を帯びはじめるかもしれない。その道を開くための新たなメディア活動の必要性を、感じるようになっていた。

そんなとき、今里教授から、インターネットTVの提案を受けた。同志社大学の学外実験施設である京町家「江湖館」の蔵に、インターネットTV用のスタジオを作る、という計画が以前からあったのだという。番組の収録・配信がいつでも行える「場」が得られることと、大学との連携に大きな可能性を感じた。

そこで始めた取り組みが、「〈難民ナウ！ TV〉」である。

〈難民ナウ！ＴＶ〉ができるまで

震災後、〈難民ナウ！〉では被災地の救援活動をしているＮＧＯを取材し、それを多言語で発信することに力を入れていた。ただ、〈難民ナウ！〉は、あくまでも難民問題に特化した6分間のラジオ番組であり、原発事故の問題、なかでも福島の子どもの被ばくというテーマを取り上げるには、圧倒的に時間が足りない。そこで、もう1つラジオ番組を作ることも考えた。しかし、２０１０年に調査旅行で米国へ行き、ニューヨークの「デモクラシー・ナウ！」など、インターネットを通じて映像を配信する市民メディアの活動現場に触れたことで、映像の力を改めて感じていた。ちなみに、独立系の市民メディアとして今日では国際的に有名になっている「デモクラシー・ナウ！」は、もともとは「パシフィカ・ラジオ」という非営利のラジオ放送ネットワークで流される、ラジオのニュース番組だった。２００１年の米国同時多発テロがきっかけで、インターネットやケーブルＴＶを通じて動画のニュースを配信するようになったのだ。

京都の伝統的な町家は間口が狭く、奥行が深い構造のため、「鰻の寝床」とも呼ばれる。その細長い町家の、一番奥まった場所にある蔵。昔の人が大切なものを保管していた、いわば「閉じた」場所が、子どもの安全についての情報を日本中の人々と共有するための「開かれた」場所になる、ということに意義を感じてもいた。

この蔵の中に機材を持ち込み、ユーストリームによるライブ配信の環境を整えた。ユーストリームを使えば、誰でも簡単に配信ができ、さらにツイッターなどのソーシャルメディアと接続することで、視聴者との双方向のやりとりも可能になる。ユーストリームは、例えば２００９年のオバマ大統領の就任演説が配信されるなど、急速な広がりを見せていた。日本でも、震災時に、テレビ局が地上波による放送と同内容の番組を配信したことで認知度を高めていた。〈難民ナウ！ＴＶ〉も、この新しいメディアを利用した双方向の番組づくりを目指した。

そして、20ミリシーベルト問題をはじめとして、福島の子どもがあまりにも無責任な扱いを受けていることへの疑問から番組が始まったことを明確に示すため、「子どもを守る！」を番組のコンセプトに据えた。インターネットの特性を生かし、時間の制限を設けないインタビュー番組とし、現在の問題を徹底的に話してもらう機会にすることとした。スタジオに招くゲストは、福島からの避難者、福島に関わるジャーナリストや研究者、NGO関係者などである。京都は、福島からの避難者数が北海道や岡山と並んで多い。〈難民ナウ！TV〉を立ち上げた2011年10月の時点で、約800人の人々が京都に避難していると知り、その中でメッセージを発したいと思っている人々の声を社会に届ける場になれたら、と考えた。

難民問題に関心がある人と、福島の放射能汚染の問題に関心のある人が、「潜在的難民」という言葉で結ばれ、それぞれが番組を通して互いの存在を知り、新たな交流や解決の糸口を紡ぎだすことを願っていた。

番組の立ち上げの過程では、色々と困難にも出会った。番組の形態が常設のスタジオでのライブ配信で、ゲストの来場できる時間に合わせたことで、ボランティアスタッフの参加が難しくなる、という問題があった。さらに、ライブ配信であることから、何らかのトラブルが発生した場合、ゲスト、視聴者の時間が無駄になる。それは、これまでラジオ局で収録を行い、技術面は放送局のスタッフに頼っていた私たちにとって大きな挑戦だった。誰でも簡単に配信できる、とはいうものの、機材のセッティングは想像以上に難しい作業でもあった。多くの人々のサポートを得て、テスト配信が成功したときには思わず声をあげた。そして第１回の配信は、２０１１年10月14日に決まった。

「最もリアルに福島の今を考える時間」

２０１１年10月14日19時、〈難民ナウ！ＴＶ〉の第１回目の配信が始まった。ゲストは、福島県いわき市から京都に避難した、自然食の専門家である橋本宙八、ちあき夫妻だった。

インタビューは、東日本大震災までの、いわき市での生活や、京都に避難してくるまでの経緯、「食」の観点から見た原発事故の問題、そして福島の人々に対する「なぜ避難しないのか」という問いかけについて、など約1時間40分に及んだ。

番組のなかで、ちあきさんは次のように語った。


阪神淡路大震災の時、神戸に友人が沢山いましたが、家でやるべきことが山積みでした。行かなくても支援ができるのではないかと思いました。こうして（自身が）難民的な立場に置かれたときに思い出されました。駆けつけたい気持ち、顔を見て話したいという気持ちを大切にしないといけなかったと考えます。最近、台風などで被災される方のニュースを見ると、立場が身近に感じます。電話がつながるまで心配。「何にもできなくてごめんね」と言われるけど、つながってくれる人、つながろうとする気持ちがすごく助けになりました。「大丈夫？」と電話一本をかける気持ちをこれから大切にしていきたいと考えています。
また、「福島県民が思うことは、『忘れないでほしい』ということに尽きる」と語った宙八さんは、福島の人に対してどう気持ちを表現すればいいのか、という話題に関して、とにかく「気を使わないでタッチしてあげること」だと断言した。福島の外にいる人たちに、とにかくもっと福島の問題に関わってもらいたいのだと。

福島の問題であるけれども、日本中の原発のことを考えると、福島は遠いが、目の前に原発がある。それを見ないでいる。危ないと分かっていても、生きることの中で、なんとなくこのまま来てしまった。この現状になることを許してしまった。自分たちの心のなかにある、「体制は変わらない」「周りは（原発反対を）言ってない」という、なんとなく全体を見て、気持ちをかき消してしまうことが多いのではないか。

そして、若い人たちに向けて、「これからの時代は自分が疑問に思ったことは、きちんと見つめながらみんなが生きていかないといけないのではないかと思う。小さくても行動しながら生きていく、そういうつながりが必要」と語りかけた。

二人の話には、〈難民ナウ！ＴＶ〉が取り組んでいく方向性が既に明確に示されている。それは、被災した人に対する素朴な「大丈夫？」という思いと、自分が疑問に思ったことには小さくても行動を起こしていく姿勢、である。インタビューの中で、宙八さんが、この番組は「最もリアルに今の福島のことを考えられる時間」だと言ってくれたことが、私たちには大きな励みになった。

「第二次世界大戦末期のよう」

〈難民ナウ！ＴＶ〉は、その後もインタビューを続けた。全てを紹介することはできないが、そこで刻まれた言葉を手がかりに、私たちがどのような状況にあるかを照らし出したい。

なお、インタビューをした人々の所属や職位はインタビュー当時のものであることを確認しておく。

震災直後から、福島の取材を続ける非営利インターネットＴＶ局「OurPlanet-TV」代表の白石草さんは、福島の事態を前に、危機感が共有されない状況について、学生時代に歴史を専攻した視点から語った。

戦時中に起きていた言論統制の問題、言論のコントロールがどういうことかイメージできるくらいに深刻な状態にあります。政府の指示系統や、組織のあり方なども日本史のイメージそのままです。例えば責任体制が不明瞭で、部署間がバラバラの中で基準が甘くなったりすることや、何が起こっているかの脅威が把握できていない状況。１９４２年くらいのイメージで、置かれている深刻さがシェアできていない。ミッドウェー海戦の時と同じように、共通認識がシェアできていない。いろんな方法で声をあげることは可能なはずだけど当時も今もできていない。いま何が起きているのだろうということを一人ひとりが冷静に考える必要がある。様々な情報を収集、分析して自らが行動するという点で不十分だと思う。個人個人が声を掛け合うしかないかもしれない。いまは関東や、福島の関心のある人たちが自ら情報を収集して、検査もしていろんなことを明らかにしている。その人たちの情報が政府やマスメディアを一歩も二歩もリードしている。そこに希望を見出しています。

「水俣病のときとあまりにも似ている」

水俣病の問題に長年、関わり続けてきた環境NGOグリーン・アクションのアイリーン・美緒子・スミスさんは、水俣病の当時と比較して政府がいかに問題を曖昧なものにするかを話した。

自分の土台は水俣病の患者に出会ったことですが、3年間、住みついて写真を撮りました。写真は病気を治せないけど世界にそれを発信しました。患者さんとのお付き合いは今も続いています。彼らは毎日、病気と向き合っています、私は世界に発信しています。問題は全く違う見え方をしています。それはどんなに大変なことなのかということですよね。若い水俣出身の女性と大阪のデモで出会いました。これからの福島のことが見えてたまらないと言って、2人で抱き合って泣きました。あの時にやっておけばよかったということを10年先から見ないといけないんです。水俣もあのときに、あれをしておくべきだったということがある。水俣と福島の共通項は、例えば政府が責任を逃れようとする方法など、何を信じればよいか分からない状況を一気につくります。危ないか危なくないか分からない。自分の人生を全部ひっくり返すくらいの避難をすべきなのかどうか、本来は同じ被害者の福島の人たちをバトルさせようとします。危険という人も苦しいし、安全だという人も苦しい。水俣でも同じで分裂を作りました。

さらにスミスさんは、何かが起こるかもしれないという気持ちと、実際に起こったときのリアリティの違いを語り、それを教えてくれる先生(福島から避難した人々)が日本中に散らばっており、その人たちに見えているものから学ぶ必要があると強調した。

私は、戦争も、そして水俣病も遠い昔に起こった、自分たちとは関わりのない愚行だと考えていた。まだ人間の安全を保障しようとするような発想が十分に育まれていなかった時代の愚行であると考えていた。しかし、白石さんとスミスさんの言葉は、愚行は現在にも通じていることを浮き彫りにしている。それは私たちの記憶力や想像力がいかに脆いものであるかという事実を明らかにしている。私たちは過去の失敗を教訓にすることができず生きてきて、この状況になっても沈黙しようとする。しかし、この沈黙が、誰の「生」

を危機に追いやっているかを考える必要がある。難民のことは知らなかったと言えても、眼前で起こっている福島のことを知らなかったとは言えない。メディアの不在だけではなく、教育の不在だけでもなく、私たちの見ようとする意志の不在である。2人の、過去への眼差しからは、現在の私たちの行動が鋭く告発されている。この状況を前に、2人に共通するのは困難に直面する人々と連なることの強調である。では、私たちはどのように関わっていくことができるだろうか。

「支援する、支援されるではなく」

福島から京都に避難した、「避難者と支援者を結ぶ京都ネットワーク　みんなの手」代表の西山祐子さんをスタジオに迎えた。

京都府は、震災直後から自主避難者の受け入れをしていた。西山さんは、2011年6月に京都に避難した。京都に来てからは、京都府が全面的にバックアップし、住居、支援物資などが提供されていたが、避難者間のつながりを作るため避難者の会を立ち上げた。京都市伏見区の近隣住民が支援をし、近くの祭への招待や、子どものヘアーカット、七五三の写真撮影、寄付を募って避難先への湯沸かし器の設置などが行われていた。避難先への感謝を述べたあと、西山さんは避難者と支援者の関係について話した。

故郷を離れて慣れない地で生きていく。悲しいこともやりきれないこともあり、胸のどこかにしまいながら生きている中で、心から一緒にやっていこうと包んでいただけると、心の中のもやもやがなくなって、私も何かできるんじゃないかと思いました。私のように不安や悩みを抱えているお母さんが、京都の人のあたたかい思い、熱い思いを知ったら、もっともっと気持ちが楽になるのではないかと思いました。それを私は応援できるんじゃないかと思った時に、避難者という枠を超えて、同じ支援者として、支援者の方と一緒にサポーターになれる。そのときに支援者と避難者という枠組みを超えた人間と人間の絆が生まれるのではないかと思いました。この絆がお金よりも何よりも一番大切。京都でこうした出会いがあったことは一生の財産。この思いをみんなとシェアしていきたいと思って活動を続けたいと思っています。

西山さんの言葉には、避難した人々と受け入れる人々が「支援する／される」ことを超えた関係を築く糸口が示されている。私たちは、ともすれば「支援者＝助ける側」、「避難者＝助けられる側」という二分法的な思考に陥りがちだが、福島からの避難者自身が支援者として福島の問題に関わっている。――また逆に、西山さんの言うような、人と人の「出会い」から生まれる「人間の絆」に触れたとき、京都の支援者はもはや一方的に「助ける側」ではなく、何か大きなものを受け取っているのではないか。

さらに、私たちがみな「潜在的難民」の状況を生きていることに思いを馳せるとき、こうした「出会い」と「人間の絆」こそが今の社会で私たち一人ひとりを生かすのだ、という事情に思いいたる。「潜在的難民」の自覚がもたらすものとは、難民や福島の人々と同じ線上で当事者となり、それまでの第三者の立場では認知できなかったニーズの存在を、自分自身にとっても切実なものと見なすようになる可能性である。

次の節では、この「潜在的難民」として生きる、とはどういうことかを、もう少し突き詰めてみたい。具体的に言えば、それは私にとっては「子どもの安全を守ること」に自ら直面することを意味していた。

子どもの安全保障

今回の震災、とくに福島の子どもたちの被ばくの問題に接したことで、「見まいとする力」の圧力を改めて感じた。子どもに対する年間追加被ばく限度が20ミリシーベルトに緩和されたとき、私の周囲では、必ずしもそのことに対する怒りは共有されていないように思えた。もちろん、福島の子どもたちが置かれた現状への関心が高まらない背景には、既存のマスメディアがその問題の深刻さを伝えず、持続的に問題の所在を示し続けることをしない、という状況もあった。つまり、この問題を「見せまいとする力」が働いていたのだ。だが、それにしても、私たちの「見まいとする力」、日常へと回帰しようとする圧力は、あまりにも強すぎるのではないか。いま、この問題を見過ごすと取り返しのつかないことになる、という思いから、私は「天気予報」よりも強い「警報」のようなものが必要だと感じた。

そこで〈難民ナウ！ＴＶ〉が着目したのが、子どもの「避難の権利」をめぐる問題だった、

避難の権利

そもそも避難の権利は、チェルノブイリの経験から求められているものだ。チェルノブイリでは、事故が発生した１９８６年から5年の歳月を経て、「チェルノブイリ法」が制定された。ここで重要なことは、年間の追加被ばく線量が1ミリシーベルトを超える地域では、移住の権利とそれに伴う支援が保障され、5ミリシーベルト以上の区域は移住が義務づけられたことである。*26

これに比べて、日本政府は福島の事故に際して、年間20ミリシーベルトを避難区域の基準として設定した。1時間に換算すると、3・80マイクロシーベルトになる。これはチェルノブイリと比べても異常に高い基準である。*27 労働基準法で18歳未満の作業を禁止してい

る「放射線管理区域」の約６倍に相当する。繰り返すが、そもそも日本の法令による公衆の年間の線量限度は１ミリシーベルト（原子炉等規制法）であり、１時間だと０・19マイクロシーベルトとなる。基準が一気に20倍に引き上げられたわけだが、大人の約４倍放射線に影響を受けやすい子どもにとっては、約80倍引き上げられたことになる。いかに福島での対応が危険なものであるかが分かるだろう。しかも、これは外部被ばくのみのことであり、内部被ばくは考慮されていないのである。今、福島では現実にそのようなことが行われている。

こうした国の対応を前に、市民社会に広がった署名活動、地方議会等からの要請、法律家のネットワークや国際環境ＮＧＯの働きかけ、さらにこの問題に熱心に取り組む多くの国会議員の党派を超えた努力によって、２０１２年６月21日に「東京電力原子力事故により被災した子どもをはじめとする住民等の生活を守り支えるための被災者の生活支援等に関する施策の推進に関する法律（子ども・被災者支援法）」が成立した。

「原発事故被害者支援法」市民提案集会

この法律の成立のために重要なステップとなったのが、子どもを放射能から守ろうとするグループが、２０１２年2月末に衆議院議員会館で開催した「原発事故被害者支援法」市民提案集会である。〈難民ナウ！ＴＶ〉はこの集会に参加し、会場の模様を取材、配信した。

主催団体である「福島の子どもたちを守る法律家ネットワーク」(Save Fukushima Children Lawyers' Network：ＳＡＦＬＡＮ)の梓澤和幸共同代表が、「なによりも(福島の人々の)悩みに接する私たち自身が問われている集い。悩みを持ち、生き抜こうとしている人々に対して、尊厳ある個人として対することができるかが問われている、この瞬間であります」と呼びかけ、集会が始まった。

この集会には、福島第一原発が立地する双葉町の井戸川克隆町長(当時)も参加した。

これに先立つ２０１２年1月に横浜で開催された「脱原発世界会議」で井戸川町長は、「手遅れかもしれないが除染ではなく、子どもの避難を日本中、世界中の人にお願いしたい」と声を振り絞って求めていた。その町長は、この集会で、国の対応への不信感について以下のように語った。

事故がおこったとき、ヨウ素反応があるうちに早く検査をしてほしいと頼んだが、「県内にホールボディカウンターが何台あるか?」「そんなにない」「国内には?」「そんなにない」「世界に何台ある?」こうした議論が放置されたままになり、このままでは情報を隠蔽される、と思い埼玉に避難した。政府がやってくれないというよりも、健康を考えた対応をすべきと考える。その上で国際的な世論を動かす必要があると考えている。

この発言は、難民という観点から福島に接近するうえで、大きな示唆を与えている。それは、「国に頼れない」という状況である。町長の発言は、別の避難者の集いで、後に海外のＮＧＯと連携する一人の参加者が発した、「国が守るのは国、企業が守るのは企業、でも私たちが守るのは命だということに気づきました」という言葉とも一致する。そこには、安全な生活環境という基本的ニーズが失われた中で、国が命を守ってくれる、という国家との最小限度の絆が失われ、国際社会に頼らざるを得ない、文字通りの「難民」が日本のただ中に生まれつつある状態が映し出されていると言えるだろう。

また、これから母親になる女性の応援をしようと、仲間とともに「任意団体 Peach Heart」[*28]を立ち上げた、郡山市出身の宍戸慈さんは語る。

ホールボディカウンターを受けたんですが、私の体内に１０００ベクレルありました。明日、妊娠するかもしれないし、結婚して子どもを産むかもしれない、その体内に１０００ベクレルあるという、その状況をいま、福島にいる女の子たちは、みんなその状況下にあるということなので、お子さんと妊婦さんが最優先なのはもちろんですし、その応援をしたいと思っていますが、ぜひこれからのお母さんのことも少し考えてもらえたらと思っています。

宍戸さんの言葉は、放射能汚染が、現在の問題に止まらず、未来の親たち、子どもたちにとっても直面する、時間を超えた問題であることを静かに問いかけている。

最後に、「子どもたちを放射能から守る福島ネットワーク（子ども福島）」の中手聖一代表（当時）が登壇し、「最終的には法律は議員がつくるわけですが、今日からは私たち市民、まして当事者である被害者自身の手でこの法律を作り上げていきたいと思うんです。言葉ではいろいろ支援とか救済という言葉になりますが、決して支援される、救済される客体ではなくて、われわれ被害者、当事者の権利法として、これを定めていくんだ、我々自身が作っていくんだという強い決意をもって取り組んでいきましょう」と呼びかけた。

〈難民ナウ！ＴＶ〉では、この集会後も、郡山市や福島市、南相馬市へ赴き、避難した人、留まった人たちの声を聞いた。そこでは原発の事故によって、突然これまでの人生をねじ曲げられた人々が、少しずつ言葉を選びながら語ってくれた。自分の言葉が、自分とは違う選択をした誰かを傷つけることがないように。どの人が語る言葉も、その人ごとに違う立場や状況から発せられたものであるのに、そのような他者への配慮は共通していた。そうした対応が、私に「福島は一つ」ということを気づかせてくれた。

２０１２年3月10日には、京都で開かれた脱原発の集会に参加し、京都大学原子炉実験所助教の小出裕章にインタビューを行った。

猛烈な放射能汚染の中で、福島の人たちは子どもも含めて生きていかなくてはならない状況に追い込まれています。その現実の中ですべきことは、子どもを被ばくから守ることだと考えています。何よりも子どもたちには原子力をここまで許してきた責任はありません。

福島の事故を起こした責任もありません。何としても彼らに犠牲をしわ寄せすることがやってはいけないことだと思います。そのうえ、子どもは細胞分裂が活発な生き物で放射線に対する感受性が高いのです。子どもを被ばくから守りたいですし、その中心は福島の子どもたちです。日本の政府は福島の人たちを、子どもを含めて見離してしまった、とんでもない政府です。その中で京都の人にできることは、福島の人たちに、一日でも、一週間でも、一ヵ月でもいいから汚染地帯から引き離して、京都で楽しく生活できる機会をつくることも大切なことだと思います。若狭湾に原子力発電所があることも京都の人の課題です。一刻も早く止め、再稼働を許さないこと、このあまりにも非情な日本の国を変えるためにできることを考えることです。

日本が原発に取り囲まれていることを考えれば、このメッセージは多くの人が共有できるものではないだろうか。

2012年5月には、チェルノブイリ法の制定に大きな役割を果たした、アレクサンドル・ヴェリキンが来日した。彼は、「チェルノブイリの事故が起こった時、日本の人々に助けてもらった。だから日本でもチェルノブイリ法のような法律が検討されていると知って、少しでも役に立つことができればとやってきた」と語った。5月20日の東京での集会後、〈難民ナウ！〉のインタビューに応じたヴェリキンさんは、「法律は必要があるところに作られるもので、必要のないところに法律はできません。ですから必要だと声をあげていく必要があります」と強調した。

「子ども・被災者支援法」の課題

先に見たように、「子ども・被災者支援法」が2012年6月21日に成立した。

この法律は、一定の線量以上の放射線被ばくが予想される「支援対象地域」からの避難、居住、帰還といった選択を、被災者が自らの意思によって行えるよう、国が責任をもって支援しなければならないと定めている。また、健康被害の未然防止の観点から、定期的な健康診断や、医療費の減免に関する規定も盛り込まれた。

ただし、この法律は、２つの課題を持っている。１つは、いわゆる理念法であり、「支援対象地域」の具体的な範囲設定や、個別の施策などについては言及していない点である。そうした具体的な内容は、この法律の第５条で策定を義務づけられている「基本方針」で定めるものとされた。しかし、法の成立から１年以上が経っている２０１３年６月現在、「基本方針」の策定はすぐには実現しない状況が続いている。もう１つは、一刻も早い成立を目指したことで、逆に、阪神淡路大震災を契機に約２４００万人の署名を集めた上で成立した「被災者生活再建支援法」のようには、必ずしも多くの人を巻き込んでいない、という点である。

こうした課題を持つ法律をめぐって、２０１３年３月15日、復興庁が原発事故による被災者支援を目的とした「原子力災害による被災者支援施策パッケージ」（以下、パッケージ）を公表した。しかし、このパッケージの中に盛り込まれた施策は、「帰還」に多くの予算が配分されるもので、「子ども・被災者支援法」で示された、国の責任による健康調査や避難の権利などに関しては触れられていなかった。[*29] さらに、「基本方針」については、「支援対象地域」の基準を決めるため、原子力規制委員会に依頼していることが明らかになった。

これに対して、被災者・支援者の意見が反映されておらず、当事者のニーズに対応していないことや、対象地域が限定的であるため、被災者のあいだにさらなる分断を生じさせる危険性があることなどへの批判が、国内外から寄せられている。

「基本方針」を決めていく過程で重要な視点を提供する2人の発言を紹介しておきたい。まず2012年11月に来日した、国連人権理事会の「健康に対する権利に関する特別報告者」アナンド・グローバーが、東京や福島での調査を終えた後の報告である。グローバーは、避難の権利に言及し、そのあり方を決定するプロセスに、子どもや妊婦、障がい者、高齢者など、社会的弱者を含めた被害地域の住民が参加できるようにすべきだと求めた。[*30]また、２０１３年5月に発表された、グローバーの日本政府に対する勧告は、年間追加放射線量が1ミリシーベルトを超える地域に暮らす人々の健康調査を要求している。次に、２０１３年5月11日に福島大学で開かれた、「原発事故子ども・被災者支援法福島フォーラム」では、参加した国連子どもの権利委員会前議長のヤンギー・リーが、法のモニタリングにとって最も重要なことは「1に実行されているか、2に実行されているか、3に実行されているか」だと強調している。

「基本方針」の策定は、生活設計や健康不安の解消を考えると時間の猶予がない。そのことを前提とした上で、支援対象地域について、原発事故以前の「公衆の年間追加被ばく限度1ミリシーベルト」を判断の基準とすべきであり、どのような人を救済する／しない、という枠組を決める際に、実験場のように人を扱わないためには、被災者・避難者の声が中心に据えられることが不可欠である。

しかし、2013年6月、こうした歩みをあざ笑うかのような出来事が明るみにでた。復興庁で「子ども・被災者支援法」の担当をしていた現場の責任者である参事官が、「基本方針」について、「今日は懸案が一つ解決。正確に言うと、白黒つけずに曖昧なままにしておくことに関係者が同意しただけなんだけど、こんな解決策もあるということ」（2013年3月8日）と、先送りにすることを容認するとも受けとれる言葉をツイッターに書き込んでいたのである。私は、そのニュースを知ったとき、怒りを覚えた。しかし、「基本方針」に関わる福島の友人たちの冷静な対応に触れ、考えるようになった。福島が目の前にあっても、自分のこととして受け止めることができないのは、この参事官だけだろうかと。「関係者」とされた人々が誰なのか、復興庁、政府はどれくらい真剣に「基本方針」の策定に取り組んでいるのかを明らかにする必要がある。そして、さらに重要なことは、福島の人々と接していても、問題の所在を見ることができなかった参事官が、自分たちとはかけ離れた存在なのかを、自分自身に問いかけることではないだろうか。そうでなければ、一時的な怒りはすぐに消費されてしまい、この出来事も、福島の今も「他人事」のまま、遠くのことになってしまう。

ふくしま集団疎開裁判

子どもの安全を守ろうとする取り組みを、もう一つ確認しておきたい。2011年6月24日、郡山市の小中学生14名が原告となり、「放射能の危険のない安全な場所で勉強させてくれ、避難させてほしい」と訴えた、ふくしま集団疎開裁判*31である。

この裁判では、2011年12月16日、福島地裁郡山支部が、放射能の危険基準は100ミリシーベルトであるとし、訴えを斥けた。そして、2013年4月24日には、仙台高裁が抗告審で原告の申立てを却下した。

仙台高裁は、この抗告審で、事実認定においては一審の郡山支部の判決を覆し、「チェルノブイリ原発事故によって生じた健康被害や、福島県県民健康管理調査の結果、現在の郡山市における空間線量率等によれば、子どもたちは低線量の放射線に間断なく晒されており、これによる生命・身体・健康に対する被害の発生が危惧され、由々しい事態の進行が懸念される。この被ばくの危険は、これまでの除染作業の効果等に鑑みても、郡山市から転居しない限り容易に解放されない状態にある」と、ほぼ原告の主張を採用した。さらに、集団疎開について、被ばく被害を回避する一つの抜本的方策として教育行政上考慮すべき選択肢である、と述べた。にもかかわらず、被ばくへの対応を子どもたちの自主避難に委ね、郡山市に対して避難を求める権利を有することを認めない、と結論づけたのである。

この決定について、例えば米国の人権活動家ノーム・チョムスキーは、「裁判所が、健康への危険性を認識しながら、にもかかわらず、子どもたちを福島の地域から避難させようとする試みを阻んだことを知り、本当に驚いています。最も傷つきやすいもの、この場合、最も大切な財産である子どもたちをどのように扱うか以上に社会のモラルの水準を物語るものはありません。この残酷な判決が覆されることを強く希望し、信じます」とのメッセージを寄せている。*32

２０１３年5月8日、仙台高裁の判決を読み解く集会が東京で開かれた。「危険を認めた上で、子どもを放置した残酷な判決だ」、「憲法訴訟であるにもかかわらず、憲法26条1項から読み取れる、国・自治体が安全な環境で子どもに教育を受けさせる義務を持っていることについて一言も触れていない」といった厳しい批判が寄せられた。一方で、「仙台高裁の奇妙な決定のもととなった事実認定は、裁判官が最低限の良心を示したことを表しているのではないか」、「裁判所から、この事実認定をツールとして、(子どもの安全を守る取り組みに使うように)というメッセージと捉えたい」などと受けとめる声もあった。集会の中で、弁護団の柳原敏夫は、「福島の子どもたちが、日々、放射性物質に曝されていることを考えれば、それはある種の核戦争のもとに置かれているのと同じこと。戦争放棄と言い、憲法九条を守ろうとする人たちも、この状況は現実の憲法九条が直面している最大の課題だと思うので、憲法問題として考えてほしい」と訴えた。

ふくしま集団疎開裁判において、司法が低線量被ばくによる健康被害を認めたことは重い事実である。今後、この決定を根拠にして、子ども・被災者支援法の「基本方針」策定に向けた意見書や要望書を政府に提出する動きの広がりが期待される。

福島では、原発事故に対し、２００万の県民に２００万通りの思いがあると言われる。その意味では、〈難民ナウ！ＴＶ〉が追いかけた以上の状況は、ごく一部の側面を伝えるに過ぎないかもしれない。それでも、そこには、福島を中心にした「難民」の出現と、「潜在的難民」の時代の幕開けが照らし出されている。

第4章　「潜在的難民」が問いかけるもの

難民オンライン・ライブ
トークショーの収録風景

放射能汚染との「関わりかた」

忘れられない出来事がある。2012年夏、私は京都で開かれた、福島や関東から避難してきた人たちが集うイベントに参加していた。そこで、中学生と小学生の兄弟と仲良くなった。サッカーやアニメのたわいのない話をしているうち、引っ越してくる前と京都ではテレビのチャンネルが違うという話になった。「福島のテレビは……」と小学生の弟が私に言いかけたとき、中学生の兄が大きく咳払いをした。弟は兄の咳払いに気づき、「福島」を別の県名に言い換えた。――福島からの転校生だということでいじめにあうことがあると、あとで別の参加者に聞いた。放射能汚染は、人を慣れ親しんだ場所から切り離すだけではなく、人と人のつながりを世代に関係なく切り離そうとする。

多くの人が述べているように、子どもには原発設置の責任も、事故の責任もまったくない。私も何度でもこの点を繰り返したい。大人は、見えない放射能に目を凝らす責任がある。放射能は見えなくても、子どもを被ばくさせないための取り組みを見つめれば、放射能との「関わりかた」は見えてくるはずである。風が見えなくても波頭でその流れをつかめるように。

かりに避難を経済の面でのみ「現実主義」的に考えたとしても、子どもの将来を安全なものにする取り組みがもたらすメリットと、逆に子どもの将来が危険にさらされる現状を放置することのデメリットを計算に入れる必要がある。「潜在的難民」の出現は、国家との絆が切断された人々が大規模に出現する可能性すら有している。勤勉で一定の財力がある日本人が、例えば他国に地滑り的に移動を始めれば、国の受けるダメージはどれほど大きいだろうか。

「潜在的難民」で「ある」私たちが、改めて「潜在的難民」に「なる」手がかりは、復興のかけ声だけでなく、この少年の咳払いや、幼い弟が言い直した言葉に、注意深く耳を傾けるような、小さく、身近な試みの中にある。

受け入れ側の問題――難民問題からの示唆

福島県いわき市で、市役所の建物に「被災者帰れ」という落書きが見つかり、仮設住宅では車の窓ガラスが割られたり、ペンキをかけられる被害が相次いだというニュースが報じられた。被災地でありながら、２万４千人の避難者を受け入れたことで、地元住民とのあいだで摩擦が生じ、税金の不公平感や、賠償金をめぐる誤解、病院の混雑、交通渋滞の増加など生活が変化したことへの不安や不満が蓄積されていた。そのことが今回の件の背景にある。

今後、避難の権利が確保され、人の移動がこれまで以上に進むとき、これまで「自分は安全な場所にいる」と思ってきた私たちの日常は解体され、「潜在的難民」としての問題意識が浮かび上がる。そこで問われるのは、避難してきた人々との新しい生活を思い描く想像力であり、それを新たな実践に移す行動力だ。しかし、いわき市のニュースは、新しい生活には具体的な困難が生じることも示している。では、具体的に何を目指し、何をすればよいのか。それを考える際、難民が直面してきた困難と、それを克服しようとする取り組みが大きなヒントを与えてくれる。

難民の経験から

まず、日本で難民として暮らしてきた人の言葉から考えてみたい。序章で触れた、難民自身が作る互助団体ＲＣＣＪ代表のマリップ・セン・ブさんは、第三国定住プログラムによる難民の受け入れに際して、何が最も大切かを語っている。そもそも難民支援とは、どれだけ善意にもとづくものであっても、難民が本当に必要としているものを理解しないまま、場当たり的で単発的に行われてしまうと、大きな効果は望めない。そうではなく、難民として日本にやってきた人が自立した生活を持続的に営めるよう、環境を整備していくことが重要なのだという。生活費の高い日本で、公営住宅など、家賃が高すぎず安心して暮らせる住居を確保することに始まり、安定した雇用の確保、子どもが差別を受けず学校に通える状況の確保、さらには難民同士の情報交換と支え合いのネットワークを確保することが、見知らぬ土地に暮らす難民にとっては生命線となる。マリップさんは、こうした難民の側のニーズを政府の関係省庁や政治家に知らせようと、粘り強く地道に活動してきた。マリップさんは、難民と難民支援を行う人々が「お互いを理解することが、何よりも大切」と語る。

マリップさんの言葉に照らして、福島から避難している人たちの状況を考えると、どうだろうか。福島県災害対策本部によると、２０１３年6月21日現在、福島から県外に避難している人は5万３９６０人、そして県内に避難している人は9万６２６０人である。避難先不明者１４２人を加え、15万３６２人が住み慣れた場所を離れざるを得ない状況にある。もちろん、震災と原発事故で移動せざるを得なかった人は、福島県以外にも数多く存在する。何よりもまず、この人たちがどのようなニーズを抱えているのかを、徹底的に知らなければならない。例えば、前章で触れた、「原発事故子ども・被災者支援法福島フォーラム」（２０１３年5月11日、福島大学）においては、今後の生活に不可欠なものとして、健康調査と、少なくとも中期的に安心して暮らせる住宅の確保を軸とした、未来への希望、が挙げられている。この声にどのように応えるかが受け入れ先に問われていると言えるだろう。もちろん、新しい土地で地域社会の一員として暮らしていくためには、安定した仕事が不可欠である。これは、第三国定住で米国を目指す難民が、米国の魅力として、既に同じエスニックグループのコミュニティが存在するだけではなく、言葉の習得を待たずに働ける場所がある点を挙げていることからも明らかである。これは原発事故後、福島に留まった多くの人が、避難できなかった理由として「仕事の問題」を挙げたことにも通底する。避難生活の現実を理解した上で、細やかな求職と求人のマッチングが重要な取り組みとなる。

キーワードは、やはり「自立」である。具体的なニーズの所在を把握しないまま、単発で「善意」の支援を外側から投入するのではなく、福島から避難してきた人たちが自立した生活を中長期的に持続的に営めるような基盤を粘り強く作っていく活動が、切実に必要とされているのだ。

次に、難民受け入れの先進国であるオーストラリアの経験とも対比しつつ考えたい。

２０１１年秋、東京でシンポジウムが開かれた。笹川平和財団の招聘により、オーストラリアから２人の難民支援の専門家、セイン・ナントゥ・クヌーとメリカ・ヤシン・シーク・エルディンが来日した。クヌーさんとエルディンさんもまたビルマ（ミャンマー）と、エリトリアからオーストラリアへ逃れた難民の女性である。彼女たちは、自身の経験を踏まえつつ、日本の難民受け入れに必要な視点について講演を行った。クヌーさんは、難民女性の中心的な存在として、コミュニティの中で重要な役割を果たし、エルディンさんは、オーストラリアに難民として受け入れられたのちに博士号を取得し、難民受け入れに関する課題や可能性について、アカデミックな側面も交えて国際会議などで発言してきた。

2人は、難民として新しい国で生きる際に求められるものとして、難民と、受け入れる側のコミュニティ双方のニーズを把握することの大切さに加え、受け入れコミュニティの寛容な態度を挙げた。例えば、新しくやってきた人々に対する情報の提供にいたっては、出身国で口にしていた食材の入手先などといった、非常に細やかな配慮が救いになったということだった。また地元での就職、教育の情報や、家庭内でもめ事が起こったときの相談といったケアが、多様なネットワークのもとで行われる必要性についても言及した。これは、日本にやってきたベトナム難民が、子どもを学校に通わせたいと切望しつつ、サポート体制があるにもかかわらず、情報が十分に伝わらなかった結果、断念せざる得なかったというエピソードと比べてあまりにも対照的である。

オーストラリアは移民国家である。そもそも難民を受け入れる歴史的背景や制度面で日本社会とは一概に比較できない面がある。しかし生活の場面というレベルでは、教えられる点も多い。例えば食材をとってみても、現在、そしてこれから福島や関東から避難してくる人々と生活していく上において、「同じ日本人」だから問題ないと考えるのは乱暴ではないだろうか。関西出身の人が、東京に滞在する期間が長くなると、関西風のうどんが恋しくなるという話はよく耳にすることだ。地域が変われば手に入りにくい食材もあるかもしれない。そうした点まで、行き届いた関わりを持とうとする「姿勢」が重要であることを２人の言葉は示している。

さらに、エルディンさんは、受け入れの主要なポイントとして3点を挙げた。「政府からの適切な資金提供」、「関係者間の十分なコミュニケーション」、「リーダーシップ」である。

これを福島の状況に当てはめてみると、どうだろうか。前章で見たように、避難の権利の確立が必要であることは言うまでもないが、被ばくの低減が待ったなしの状況で、福島では県内で暮らしている子どもたちの被ばく量低減のため、支援対象地域の学校単位、学級単位で放射線量の低い地域に移動して授業を受ける「移動教室」や、民間の保養プログラムの支援などが実施されている。このうち保養プログラムに関しては、各地の個人や市民グループのリーダーシップによって担われてきた。しかし、個人や市民グループの「思い」だけでは、持続的な取り組みにも限界がある。保養プログラムは、チェルノブイリの経験から、24日間の保養が年に2回確保されることが望ましいと指摘されている。この水準を実現するには、政府、地元自治体が「リーダーシップ」を発揮するとともに、「十分なコミュニケーション」をとり、「適切な資金提供」がなされる制度構築の必要がある。

足を運ぶ――タイ・ビルマ（ミャンマー）国境の難民キャンプ

〈難民ナウ！〉は、もともとは「行かない国際協力」を掲げ、現場に行かなくても自分らしい関わりかたがあるはずだとリスナーに向けて提案してきた。しかし、震災以降、被災地で出会った人々から「忘れられることが一番怖い」という声とともに「現場に来てほしい」というメッセージを聞いた。私自身、現場に行って、初めて感じることができたことも数多くあった。そうした経験から、基本的には日常生活の中で「自分らしく」問題に関わりながら、機会があれば現場に行ってみる大切さを周囲の人々に提案するようになった。

その一環として、2012年8月、先述のミョウさんらとともに、タイ・ビルマ（ミャンマー）国境のウンピアム難民キャンプとメーラ難民キャンプを訪問した。日本で暮らす難民と語り、次の行動を考える上で、彼らが難民として日本にやってくる背景を実際に知ることが目的の一つだった。チェンマイまで飛行機で飛び、そこから国境の町・メーソートまでチャーターしたワゴン車で移動した。キャンプへはメーソートからさらに数時間、車で山道の移動が必要だった。そこでは、生まれた場所がわずかに違っただけで、豊かなタイの生活を享受する人々と、難民や不法移民という立場に置かれてしまう

タイ・ビルマ（ミャンマー）
国境の難民キャンプ

人々が存在する現実があった。難民キャンプは、文字通りのキャンプというよりも数万人の人々が暮らす村であり、ゲートで出入りが制限されていることを除けば、昼間は周辺の村落との違いは容易には分からなかった。キャンプで暮らす人々と、村の人々についても同様だった。

一方で、そこでの暮らしには、「難民キャンプ」という言葉から漠然と連想される単純な「悲惨」ではなく、もっと複雑で見えにくい「残酷さ」があるように感じられた。生きるために必要な最低限のものはある。しかし、キャンプ外に出ることが決して許されず、夜9時になるとキャンプ全体の灯が消えるという制限のある暮らしの繰り返しが想像できるだろうか。案内してくれた若者たちがキャンプの中から手を振って見送ってくれた姿が目に焼きついている。今回の訪問を通して、「遠く」の難民キャンプは、「友人の暮らす場所」に変わった。そして、以前から耳にしていた、第三国定住プログラムでやってくる難民が、日本とは全く違う文化の中で生きてきたことを考慮する必要がある、という指摘が身にしみて分かった。――しかし同時に、私たちとキャンプの人々が置かれた状況を軽々しく比較の対象とすることはできないことを前提とした上で、それでもなお、日本で私たちが生きている状況が、どこかでキャンプでの生活と通じているように思えてならなかった。私たちが今、一見すると悲惨なことが起こっていないように見える世界で、実は放射能汚染とともに幾重にも管理されて生きている状況が。

もう一度繰り返そう。２００万の福島県民のうち、現在も移動を強いられている人の数は15万３６２人。ただし、数字では見えない「暮らし」がある。福島を離れた人、留まった人、戻った人の「暮らし」を思い浮かべる想像力が必要だ。しかし、できれば福島の人たちと会い、顔の見える関係を築き、この地を「フクシマ」ではなく、「身近な友人のふるさと」に変えていくことも重要ではないだろうか。

耳を傾ける輪の広がり――難民オンライン・ライブトークショー

ある難民から、「よく『何か必要なものはありますか』と聞かれますが、『何がしたいですか』と聞かれることはありません」という言葉を聞いたことがある。「潜在的難民」は、当事者と第三者の境界を乗り越えようとするものだが、その起点は直接的な困難に直面する人々の「声」にある。この点について、ダニエル・アルカルＵＮＨＣＲ駐日事務所首席法務官（当時）へのインタビューは示唆的である。難民受け入れに求められる視点として、アルカル首席法務官は「関係者が同じテーブルにつくことと、そこで難民の声を聞くこと」を強調した。

難民支援の現場では、当事者の声に耳を傾けようという人々の輪が少しずつ広がり、それは難民自身の努力と相俟って、対話という形で大きく実を結んだ。２０１２年4月26日、難民たちが自分たちの声を自分たちで届けようと実施した、ＲＣＣＪによる難民オンライン・ライブトークショー「Refugee's View」である。

山根隆治外務副大臣（当時）と、インドシナ難民の支援から長年、現場で関わってきた、なんみんフォーラム（ＦＲＪ）の大森邦子代表理事がゲストとして参加した。進行役は、難民として日本で暮らし、難民高等教育事業によって関西学院大学に通う、ダバン・セン・ヘインさんが務めた。難民の地域社会での統合について意見が交換され、政策決定のプロセスに難民を参加させることが求められた。当事者が自ら声を出し、政治家と対談する難民オンライン・ライブトークショーは、２０１２年6月20日の「世界難民の日」には、東京大学で開催され、今後も行われる予定である。

ここに、私たちが福島との関わりにおいて目指すべきモデルがあるように思う。当事者不在のまま議論が進められ、「上から」政策が押しつけられることがあってはならない。その意味で、当事者が持続的に政治家と対話し、さらにはメディアを通じて広く共有できるオンライン・ライブトークショーのような取り組みが、大きな力を発揮するだろう。そして、より重要なのは、身近な場で、こうした取り組みが広がることである。オンライン・ライブトークショーは、当事者の声を発信する必要性を関係者が共有していたことから、やがては政治の場にその声を届け、開かれた対話の場を創出することへと結びついた。同じように、自分たちの暮らすまちが、福島や関東から避難してきた人々とどのような暮らしを築いていこうとしているのか。そうした対話の場を各地で生み出すことが、現場の声を政策に反映することにつながるに違いない。

福島を目の前にして

想像力のありか

震災が起こるまで、私は、難民問題を天気予報のように伝えることで、誰にとっても難民の存在が身近になり、朝の挨拶で難民の話題が出るようなコミュニティを目指していた。しかし、原発事故が起こり、福島では現にメディアを通じて放射線量が日々伝えられ、朝の挨拶で庭の放射線量が話題になっていると聞く。子どもを外で遊ばせるかどうか、布団を外に干すかどうかや、マスクをしているかどうかで放射能汚染に対するスタンスを互いが暗黙のうちに判断しなければならない。――今では、そうしたことの繰り返しに疲れ果てている人も多いと聞く。目の前で起こっている現実が、想像を超えたものとなっている。しかし、それを自分の問題ととらえようとするとき、私たちの想像力は思いのほか機能しない。

一方で、痛みを経験した人は、私たちの思いもよらない想像力を働かせている。被災地に駆けつけた難民がそうであったように。それを強く考え直す機会があった。2012年7月、東京でアフガニスタンの今後を話し合う復興支援会議が開かれるのに合わせて来日した、アムネスティ・インターナショナル国際事務局アフガニスタン調査員のホリア・モサディクへのインタビューを通してである。

現在、紛争によって50万人の国内避難民が発生しているアフガニスタンからやってきたモサディクさんは、アフガニスタンで人権、ジェンダーの問題に長年関わってきた活動家でもあり、2011年には英国の雑誌で「世界で最も勇敢な50人の女性」の一人に選ばれている。彼女は、震災、そして原発事故によって夥しい国内避難民が発生し、避難の問題を自分たちのこととして考える必要に迫られている日本の人々に対して次のようなメッセージを残した。

多くの人々の命が奪われ、自分たちの住んでいた地域を追われた何千、何万という人々の気持ちが、私は非常によく分かります。私自身も戦争や内戦によってですが、何度も強いられた移動を経験しているためです。家や家族を失う、さらには自分の居場所を失うということは精神面、感情面で非常に大きな影響を受けることはよく分かります。この大事な問題を解決するために、日本政府、日本の人々が真剣に取り組むことを願います。天災を避けることはできませんが人災は減らせます。その一例が原発の問題であると思います。日本政府は、強いられた移動のもとにある人々が元の場所に帰れるようにすること、あるいは彼らの尊厳が保たれ、安定して生活が再び送れるように全力を尽くすべきです。

痛みを経験した人は、想像力を働かせ、問題の所在に目を向ける。それは、世界で最も勇敢な50人の女性に限らない。〈難民ナウ！〉と〈難民ナウ！ＴＶ〉で取材を続けた人々にその力が働いているのを目の当たりにしてきた。

私は、自分の中にある「見まいとする力」の強さを感じるからこそ、そうした当事者の声に繰り返し耳を傾ける必要があると考えた。その営みの中からのみ、「自分のこととして」当事者として関わることができると考えたのである。

弱さの自覚

さらに、想像力を働かせながら耳を傾けることだけではなく、問題の所在を自分らしく伝えることも大切だ。では、どのように伝えていくのか。手がかりは、私たちがみな例外なく、ともに脆弱な基盤の上に置かれているという認識だ。その認識があれば、私たちが発する言葉は、おのずと違った響きを帯びてくるだろう。その問題を考えるにあたって、まず、一つのアートに出会った体験について触れておきたい。

2012年8月、私は新潟県十日町市で開催されていた「越後妻有アートトリエンナーレ２０１２」の会場にいた。クリスチャン・ボルタンスキーの作品「No Man's Land」を見るためである。会場となる越後妻有交流館キナーレの中庭には膨大な古着が積み重なり、中央が山のようになっている。そこに巨大なクレーンが近づき、無造作に衣服をつかみあげ、落としていく。その行為が延々と繰り返されていく。ボルタンスキーは、東日本大震災の被災地を実際に歩き、この作品で「生と死」「忘却」に立ち向かおうとしたという。積み重ねられた古着の山は、私が被災地で見た沿岸部の光景に重なった。クレーンによってつかみあげられ、落とされる古着は、一人ひとりの「生」にも見えた。誰がつかまれ、誰がその場から引き剥がされるかは偶然の積み重ねのように映る。私たちは幸運な偶然によってこの場にいる。しかし、いつその状況が終わるかは誰にも分からない。その不安定な現実の認識が鍵になる。

クリスチャン・ボルタンスキー
《No Man's Land》（2012）

今日を当たり前のように、ともに過ごした人と、明日も会えるとは限らない。そのことを深く認識すれば、見える風景は変わってくる。これが最後のメッセージだと思えば伝え方も変わるだろう。例えば、明日の集合時間の約束を考えてみよう。「明日、8時ねー」と言われるのと、「伝えたいことがあります。明日の集合時間は私たちにとって本当に重要です。8時にお願いします」と言われるのとでは、受け手の心構えは全く異なってくるだろう。これは、何よりも情報を伝える人が、まず変わっているからだ。当事者の声に耳を傾け、精密機械のような日常生活の中に、自分らしい「隙間」を見つけ、その時に感じた思いを保ち続けること。それに加えて「自らの不安定な位置」に向き合った上で、問題の所在を伝える切実さが、「見まいとする力」に対抗する具体的な行動となる。

卑近な困難に立ち向かう

2012年の夏休み、福島から京都へ避難した子どもたちが、福島の同級生や家族と再会するプロジェクトが実施された。プロジェクトには、「夢の夏」という名前が付けられていた。夢が実現したことを率直に喜びたい。同時に、幼い子どもが、友だちと会うという当たり前のことが「夢」となってしまう。――そのことに、今の日本社会の歪みが集約されていることを忘れないでおきたい。

２０１２年春、郡山市でタクシーに乗ったとき、運転手の方がマスクをしていた。私はマスクの理由を聞こうかと思ったが、放射能汚染をめぐるデリケートな問題で、失礼な質問になってはよくないと考えて黙っていた。すると、「どこから来たんですか」と人懐っこい笑顔で質問されたので、会話の流れの中で「マスクは放射能を心配してですか」と聞いてみた。「いやー花粉症ですよー」という答えだった。「いま、ここでそんなに心配してる人はいないと思いますよ。まあ心配してないっていうとそうでもないけど、心配してたら生活ができないですよ」。

家で栽培している野菜などは大学生の娘以外は食べているという。「娘も食べるものは気にしてますけどね、あとは普通ですよ。普通に学校に行って、普通に遊んで」。タクシーを降りて駅前を歩いてもマスクをしている人を見ることはほとんどない。マスクをしても放射線を遮ることができるのかは分からない。不安に思っている自分が少しずつ息苦しくなってくる。私のような、通りすがりの人間でも葛藤がある。福島で生まれ育った人たちが放射能汚染と向き合うことが、どれほど困難であるかは想像の域を超える。

私は、福島に行くと、駅前のホテルに宿泊することが多い。２０１３年5月、駅構内のスーパーで弁当を買い、焼き鳥を買い、水を買い、レジの列に並ぶ。駅前の駐車場では割り込んだ車にクラクションを鳴らしているおじさんがいる。そこにはあまりにも当たり前の「暮らし」が広がっている。

福島では、「避難」という言葉が、残った人々を追い詰めることに配慮して、県内外の放射線量の低い場所への移動を「保養」や「再会」といった言葉で表すことが多くなっているという。それだけ対立や分断の存在も深刻になっていると見るべきである。先に触れた

２０１２年２月の集会で、「子どもたちを放射能から守る福島ネットワーク」の中手さんが語った言葉が印象的だ。

福島を訪れた人から「普通に暮らしておられますね」と言われますが、普通に暮らしている人は一人もいません。普通に暮らしているように装っているだけなんです。〔中略〕福島から離れた者、留まった者のあいだで、あたかも同じ福島人が引き裂かれるような風潮がある。あたかも引き裂かれているような力が働いている気がしてなりません。福島は一つ。離れるもの、留まるもの、戻るもの、すべてが同じ福島人なんです。

なにが福島の人を対立させる原因なのか。明らかにそれは、政府と東京電力である。私たちは、その点を決して見誤ってはいけない。そして、首相官邸前のデモに象徴されたように、脱原発を求める声は今も続いている。しかし、脱原発と子どもの安全の確保は、車の両輪である。子どもの安全の確保が脱原発の影に隠れてしまうことを避け、十分な光をあてるべきである。「子どもが安心して眠れる日」を否定する大人はいないと信じたい。どれほど小さな営みであっても、月並みであっても、自分にできることを持ち寄って、乏しい想像力と、脆い記憶力に立ち向かうしか方法は残されていない。答えは容易には出ないが、この営みの持続にのみ、道が開かれていく。

そのためには、歯科医に行って痛い思いをして歯を抜かれることを避けながら、さらに状況を悪化させてしまうような、卑近な困難に私たちは立ち向かわなければならない。思い切って歯を引っこ抜くように、慣れ親しんだ生活をひっくり返すことになったとしても、行動に移さなければならない時がある。そのことは、これまで確認してきた通りである。

生活の中へ

〈難民ナウ!〉は、難民問題という地域外の課題（に見える）情報を、自分はそれに関わりがないと思っていた人たちに向けて発信してきた。そして「関わりがない／ある」という二分法を克服することを目標とするようになった。その最中に福島の問題が起こった。自分たちには関係のない遠いところの出来事とは言えない距離だった。しかし、近づけば近づくほど、「見まいとする力」は強く働く。その力にどのように対抗するのか。「はじめに」で触れた、自ら原発難民を名乗った秋山豊寛は、内部被ばく・低線量被ばくについて問題がないと言う人々と、問題だと言う人々のこれからの争いを「１００年戦争」という言葉で表現した。だが私たちには１００年間戦い続ける猶予はない。だとするならば、１００年先の取り組みを今、始めるしか方法はないだろう。それが、自分たちのコミュニティから遠く離れた（ように見える）問題にも積極的に関わるコミュニティの出現である。――「そんなん無理ですわ。難民問題のことを考える町内会やなんて、そんなん１００年先のことですわ」という言葉から考えれば、三条通りジャックのときに実感した、「１００年先のコミュニティ」の出現を、私たちはいま、ここで切実に必要としている。

その事情を照らしだすために私が選んだキーワードが「潜在的難民」だった。しかし、この言葉はしばしば誤解を招く。先にも述べたように、日本社会において「難民」という言葉自体が長年、強く否定的な意味を帯びて使われてきたからである。これまでに出会った福島の人々は、「潜在的難民」と聞くと、「私もとうとう難民になったのかー」「私は精神の難民です」「福島の人の中には難民と聞いて反発する人もいるかもしれないですけど、私は自分は難民だと思います」など、自分と「難民」という言葉を結びつけることがよくあった。私はそのつど、「潜在的難民」という言葉は、福島の人々にではなく、私たちに向けられた言葉であると説明した。この言葉によって、難民や福島の人々と私たちが同じ線上で関わるには、長い時間が必要かもしれない。しかし、繰り返し発信し続けることで、この言葉に理解を示し、活動に連携してくれる人があらわれはじめている。それは身近なスタッフであり、学生であり、地元のカフェのオーナーであり、福島の人であり、難民であり、国内外の研究者であり、メディアの現場で活動する実践者たちである。今後、「潜在的難民」を地域で考えはじめることができたとき、福島の問題においても、思いもよらなかった方向性が見えてくるはずだという希望を持っている。

「潜在的難民」という言葉が問いかけるのは、大きな運動に参加する覚悟の有無ではない。自分たちの日常が「遠く」の問題と地続きであることを意識し、日常生活の中で小さな試みを繰り返せているかどうかを問いかけるものである。その問題について調べ、難民や福島の人たちに会いにいき、自分らしい言葉で身近な人に語りかける。そういった営みを日常生活の延長線上に位置づけることができたなら、そのとき私たちは「潜在的難民」に「なる」。そして耳を傾けること、そこからすべては始まる。だからこそ、〈難民ナウ！〉はこれからも、「天気予報のように」声を紡いでいくだろう。

あとがき

今、私たちが生きている時代を、私自身が関わってきた「難民」という視点から見つめることで、さまざまな困難に満ちた3・11以降の社会を前に、日常生活の中で具体的にできることを考えようというのが、この本の目的である。とくに、これからの時代を生きていく若い人たちに向けて、目の前にある問題に自分らしく関わることの大切さを伝えたいと思って書いた。

本文でも強調したように、関わり続けることを重視するのには理由がある。私が〈難民ナウ！〉を始めるきっかけの一つは、公民館で偶然、手に取った難民問題に関する一枚のチラシだった。そのチラシを誰かがそこに置いていなければ、私はセミナーのことを知らず、「私が家族とともに難民になったら？」と自問することもなく、難民をはじめ多くの人々と関わることもなかっただろう。その一枚のチラシと同様に、私たちの発信する情報はきわめて小さなものである。しかし、それは、どこかで誰かに届くかもしれない。人の生き方を左右するかもしれないし、問題の解決に決定的な影響力を持つ人の登場につながるかもしれない。そうした希望を持って、これからも小さな情報発信を続けていく。〈難民ナウ！〉や〈難民ナウ！ＴＶ〉を身近なツールとして利用してもらいたい。

この本を出版するにあたり、恩師である今里滋先生に感謝の思いを記したい。「潜在的難民」という言葉を指し示していただき、同志社大学との連携の道を開いてくださったおかげで〈難民ナウ！ＴＶ〉が実現した。

アンヌ・ゴノン先生、月村太郎先生、山口洋典先生には、「潜在的難民」の持つ意味について、多様な角度からご教示をうけた。白石克孝先生、石田徹先生をはじめ、現在の職場である龍谷大学の上司、同僚からは、社会を変えるための取り組みを実践、理論の両面から教えていただいた。また原稿を丁寧に読んでくださった室園佳奈さん、津田弥和さんには、学生の視点からの貴重な意見をいただいた。

私が難民支援に関わることになった源流は、緒方貞子国際協力機構特別顧問の活動を知り、感銘を受けたことにある。また、難民支援を通して出会ったマリップ・セン・ブさん、ミョウ・ミン・スウェさん、ダバン・セン・ヘインさんをはじめ、ダニエル・アルカル前UNHCR首席法務官、岸守一前UNHCR駐日副代表、国連UNHCR協会の滝澤三郎理事長、中村恵シニアオフィサー、鶴見大学の永坂哲先生、RAFIQの田中恵子さんたちとの出会いが活動の出発点である。そして東北の人々、なかでも橋本宙八さん・ちあきさん、工藤浩典さん、吉野裕之さん、阿部泰宏さん、西山祐子さん、宍戸慈さんと交わした言葉が活動の原動力である。佐々木るりさんには、娘さんが福島県県民健康調査で甲状腺検査を受けている写真の使用を許していただいた。私はこの写真を見るたびに、いたたまれない気持ちになり、大人にはまだできることがあるはずだという思いを新たにする。その思いは、これから先も私の活動の支えとなるだろう。

さらに、この本は、一方ではコミュニティメディア実践の先輩や仲間から、他方では研究者の方々から、大きなサポートを頂戴した。京都三条ラジオカフェの町田寿二前放送局長、時岡浩二放送局長。東日本大震災後、私を被災地へと導いてくださったFMわぃわぃの日比野純一さん、大阪大学の吉富志津代先生、〈難民ナウ！TV〉が密かにルーツと仰ぐ「OurPlanet-TV」の白石草さん、「デモクラシー・ナウ！」をはじめ刺激的な米国の市民メディアと出会う機会を与えてくださった津田正夫先生、英国のコミュニティラジオの実践例を教えてくださった松浦さと子先生、AMARCとのつながりを作ってくださった松浦哲郎先生。カフカ研究者の川島隆先生には、この本の内容について、まさに寄り添ってアドバイスをいただいた。ご自身も激務の中、時間を割いてくださったこと、また、帰り道、あるべき人の姿とは何かを語り合ったことは生涯忘れることのできない原風景である。

そして、東日本大震災当日に話し合うという忘れ難い時間を過ごした岡本富美子さんをはじめ、オフィスに泊めてくださった笹川平和財団の皆様に心よりお礼を申し上げる。

この本は、現代企画室の小倉裕介さんとの出会いがなければ実現しなかった。熱心に話を聞いてくださり、本の方向性を示してくださった小倉さん、本当にありがとうございました。そしてその方向性を形にするため、カバーの作品《縛られた手の祈り》を快く提供してくださった写真家の新井卓さん、すばらしい装丁に仕上げてくださったデザイナーの上浦智宏さんと一緒に仕事ができたことに心から感謝の意を表する。

最後に、労苦をともにしてきた〈難民ナウ!〉のスタッフに、共作の完成を報告したい。私事ではあるが、姪・帆夏と甥・大地の将来を守りたい、という思いが、私の記憶力と想像力のありかである。2人の健やかな成長を祈りつつ。

2013年6月の京都にて　宗田勝也

《2012年9月24日、テッポウユリ》© Takashi Arai

【注】

＊1　以下、難民の定義や歴史については、以下の文献を参考にした（書目の詳細については、後掲の参考文献リストを参照のこと。以下同）。市野川・小森、2007年／小泉、2005年／小泉、2009年／滝澤、2007年／本間、2005年。

＊2　小泉、2005年、92頁。

＊3　「難民研究」は、世界的に「国際強制移動」の観点からのアプローチが広がっており、日本国内でも小泉康一らによる学問的な蓄積がなされているが、ここでは詳しくは立ち入らない。

＊4　1989年、当時の軍政は国名の英語表記を「ビルマ」から「ミャンマー」に改めた。しかし、ミャンマーの民主化勢力や英米のメディアなどは、反軍政の立場から「ビルマ」と呼んでいる。2011年の民政移行後は「ミャンマー」という呼び方が多くなっているが、この本では、現政権がカチンなど少数民族との戦闘を終結し、真の民主化を実現するようにとの願いを込め、「ビルマ（ミャンマー）」と表記することとする。

＊5　外務省ウェブサイト「2011年版政府開発援助（ODA）参考資料集」。2010年度の拠出額は1.43億ドルである。

＊6　本間、2007年、16頁。

＊7　内閣官房インドシナ難民対策連絡調整会議事務局『インドシナ難民の定住の現状と定住促進に関する今後の課題』、1997年、44頁。

＊8　小池、2011年、51 − 52頁。

＊9　法的地位の安定化とは、難民認定申請を受けた場合、法的地位の安定を早期にはかるため難民として認定するか否かの判断と、在留を許可するか否かの判断を同時に行うこととなったものである。しかし在留資格申請が日本に入国してから6ヵ月以上経っていないこと、迫害の恐れのある領域から直接来日していること、退去強制事由に該当しないこと、日本に入国後に犯した罪で懲役・禁固刑を受けていないことが条件であり、入国後速やかに入国管理局に出頭することをためらう申請者が多いことや、これまでに難民認定をされた人々のケースを見ても多くが第三国を経由して入国していること

とから、この条件を疑問視する指摘もある（アムネスティ・インターナショナル日本、2004 年、43 － 44 頁）。

＊10　難民参与員制度の創設では、日本は難民審査が法務省入国管理局総務課難民認定室で行われ、不認定の場合の不服申立は同省同局審判課で行われる。このため中立性と公正性が確保されていないという指摘があり、難民参与員が第三者として異議申出審査に加わることとなった。しかし参与員の選出基準や選考過程が明らかになっていない点が問題とされている。また「仮滞在許可」は入国後すぐに申請することが要件となるなど、難民申請の実状から離れていると指摘されている（例えば、世界難民の日関西集会 2012 資料）。新垣は、制度改正に先立ち「難民の地位異議審査局」や、UNHCR 職員などから成る、認定機関の業務を査定するためのオンブズマンチームの形成を提言した。チームに聴聞や認定作業を適宜監視する権限を与え、調査結果は年に 1 回、国会およびメディア代表者を通じて国民に報告されること、国際人権条約の報告書に加えること、UNHCR 本部に公式に提出されるべきであるとした（新垣、2004 年、8 頁）。

＊11　第三国定住プログラムによって地域社会に難民が暮らすことになった三重県鈴鹿市や埼玉県三郷市の取り組みなども注目したい。

＊12　UNHCR 駐日事務所へのヒアリング（2011 年 9 月）による。

＊13　開沼、2012 年、337 － 342 頁。

＊14　〈難民ナウ！〉2010 年 6 月 23 日配信。

＊15　坂田、2003 年、143 頁。

＊16　その後、2011 年 5 月 27 日に文部科学省は、子どもの年間被ばく限度量について 1 ミリシーベルト以下を目指すと発表した。

＊17　構造的暴力については以下の文献を参考にした。ガルトゥング、1991 年／君島、2009 年／横山、2009 年。

＊18　高橋、2012 年、74 － 75 頁。

＊19　開沼、2011 年、40 頁。

＊20　2011 年 8 月 14 日、NHK ETV「フクシマを歩いて」内の発言。

＊21　レーヴィ、2000 年、187 頁。

＊22　レーヴィ、2000 年、193 頁。

＊23 中西・上野、2003年、84頁。
＊24 上野、2011年、81頁。
＊25 林、2011年は、上野千鶴子の論考に依拠しつつ、当事者が「当事者になる」ためのエンパワーメントの過程における情報、知識の役割を強調している。
＊26 避難区域は「特別規制ゾーン」、「移住の義務ゾーン」（年間5ミリシーベルト以上）、「移住の権利ゾーン」（同1ミリシーベルト以上）、「徹底的なモニタリングゾーン」（同0.5～1ミリシーベルト）に設定されている。
＊27 「警戒区域」は、福島第一原発から半径20キロ圏内である。「計画的避難区域」は事故発生から1年の期間内に積算線量が20ミリシーベルトに達するおそれがあるため、住民などに概ね別の場所に計画的に避難を求める区域である。そして「特別避難勧奨地点」が、年間20ミリシーベルトを超えることが推定される地点で、該当する住民に対して注意喚起や、避難の支援、促進を行い、特に妊婦や子どものいる家庭等の避難を促す。一律に避難を指示したり産業活動を規制したりするようなことはない。
　2013年5月現在では「帰還困難区域」（年間50ミリシーベルト超）、4年以内の帰還を見通せる「居住制限区域」（同20ミリシーベルト超、50ミリシーベルト以下）、そして早期の帰還が見込まれる「避難指示解除準備区域」（20ミリシーベルト以下）に再編されたが、政府によって避難指示が解除される基準は20ミリシーベルトであることには変わりない。
＊28 Peach Heartの活動ブログには「ふくしまの女子たちが、どんな時でも、どんな場所でも『自分らしく』生きれるように、福島を象徴する桃をシンボルに、福島を想う女の子たちが、繋がる場づくりを目指して」と設立の目的が記されている。また、宍戸さんは、北海道に避難したのち、福島・札幌・全国をつなぐラジオ番組として、「ふるさと聴こえる　心つながる」をキャッチフレーズに、カラカラソワカというラジオ番組を放送している。
＊29 例えば「福島避難者帰還等就職支援事業（厚生労働省）」「地域の希望復活応援事業（復興庁）」「コミュニティ復活交付金（復興庁）」

「子ども元気復活交付金（復興庁）」など。

＊30　現在のところ、グローバーの報告は、法的拘束力を伴わないことを理由に政府から背を向けようとされている。

＊31　郡山市に対し年1ミリシーベルトを超える環境下の学校施設で教育活動を実施することの差止め及び、年1ミリシーベルト以下の環境下の学校施設で教育活動を実施することを求めた民事仮処分事件。

＊32　ふくしま集団疎開裁判ウェブサイト（2013年4月30日）。

【参考文献】

〈あ〉

アムネスティ・インターナショナル日本編著『知っていますか？日本の難民問題一問一答』解放出版社、2004年

新垣修「新たな難民認定制度確立に向けての提言」『難民―Refugees』（UNHCR日本・韓国地域事務所）第28号、2004年

飯田泰三、宮村治雄編『藤田省三小論集―戦後精神の経験Ⅰ』影書房、1996年

石川えり「難民政策の推移―NGOから見た10年間」『移民政策研究』（移民政策学会）創刊号、2009年

市野川容孝、小森陽一『難民』岩波書店、2007年

上野千鶴子『ケアの社会学―当事者主権の福祉社会へ』太田出版、2011年

〈か〉

開沼博『「フクシマ」論―原子力ムラはなぜ生まれたのか』青土社、2011年

開沼博「『難民』として原発避難を考える」山下祐介、開沼博編著『「原発避難」論』明石書店、2012年

ガルトゥング、ヨハン「暴力、平和、平和研究」『構造的暴力と平和』中央大学出版部、1991年

君島東彦「平和学の見取り図と本書の構成」君島東彦編『平和学を学ぶ人のために』世界思想社、2009年
小池克憲「日本は変わったか―第三国定住制度導入に関する一考察」『難民研究ジャーナル』（難民研究フォーラム）第1号、2011年
小泉康一『国際強制移動の政治社会学』勁草書房、2005年
小泉康一『グローバリゼーションと国際強制移動』勁草書房、2009年
小林正「コミュニティ・ガバナンスと地域メディア」田村紀雄編著『地域メディアを学ぶ人のために』世界思想社、2003年
〈さ〉
坂田謙司「コミュニティFMによるインターネット放送―インターネット時代における地域メディアの新しい展開」『マス・コミュニケーション研究』（日本マス・コミュニケーション学会）62号、2003年
庄司洋加「私の視点」朝日新聞、2012年3月15日付朝刊
徐京植『過ぎ去らない人々―難民の世紀の墓碑銘』影書房、2001年
〈た〉
滝澤三郎「難民と国内避難民をめぐる最近のUNHCRの動き」『国際公共政策研究』（大阪大学大学院国際公共政策研究科）第12巻第1号、2007年
高橋哲哉『犠牲のシステム―福島・沖縄』集英社、2012年
〈な〉
中西正司、上野千鶴子『当事者主権』岩波書店、2003年
内閣官房インドシナ難民対策連絡調整会議事務局『インドシナ難民の定住の現状と定住促進に関する今後の課題』1997年
〈は〉
林香里『〈オンナ・コドモ〉のジャーナリズム―ケアの倫理とともに』岩波書店、2011年
東野真『緒方貞子―難民支援の現場から』集英社、2003年
本間浩『国際難民法の理論とその国内的適用』現代人文社、2005年
本間浩「日本の難民政策―戦後から今日まで」『女たちの21世紀』（アジア女性資料センター）第50号、2007年

〈や〉
山村淳平『移民・難民の病をふせぐ』2012年
横山正樹「環境的平和の追求」君島東彦編『平和学を学ぶ人のために』世界思想社、2009年
〈ら〉
レーヴィ、プリーモ『溺れるものと救われるもの』朝日新聞出版、2000年
〈外国語文献〉
M. Dean and M. Nagashima, "Sharing the Burden: The Role of Government and NGOs in Protecting and Providing for Asylum Seekers and Refugees in Japan," *Journal of Refugee Studies*, Vol.20, No.3, 2007.
Craig Jenkins, "Early warning systems may help predict potential refugee crises," *The Ohio State University Research News*, 1988. http://researchnews.osu.edu/archive/refugee.htm,1998.
A.E.Shacknove, "Who is a Refugee?," *Ethics* 95, 1985.

【参考 URL 一覧】（確認日：2013年4月25日）

OurPlanet-TV
http://www.ourplanet-tv.org/
FoE Japan
http://www.foejapan.org/
GIRP
https://www.facebook.com/GlobalIssuesResearchProject
外務省「世界人権宣言」
http://www.mofa.go.jp/mofaj/gaiko/udhr/
外務省「報道官記録」
http://www.mofa.go.jp/mofaj/press/kaiken/hodokan/hodo0711.html#5-E

外務省「2011 年版政府開発援助（ODA）参考資料集」
http://www.mofa.go.jp/mofaj/gaiko/oda/shiryo/hakusyo/11_hakusho_sh/pdfs/s_all.pdf
カラカラソワカ
http://kksowaka.jp/
京都三条ラジオカフェ
http://www.radiocafe.jp
京の三条まちづくり協議会
http://www.sanjyo-kyo.jp/
CLOVER ～難民と共に歩むユース団体～
http://cloveryouth.blog109.fc2.com/
国連難民高等弁務官事務所駐日事務所
http://www.unhcr.or.jp/
子どもたちを放射能から守る福島ネットワーク
http://kodomofukushima.net/
J-FUN
http://www.unhcr.or.jp/protect/j-fun.html
J-FUN ユース～学生にもできる難民支援・学生だからできる難民支援
http://ameblo.jp/unhcryouth/
全国難民弁護団連絡会議
http://www.jlnr.jp/
Tell Me
http://tellme2012.businesscatalyst.com/
東京大学難民移民ドキュメンテーションセンター
http://cdr.c.u-tokyo.ac.jp/
TRY（外国人労働者・難民と共に歩む会）
http://try-together.com/
内閣官房難民対策連絡調整会議「第三国定住による難民の受入れ事業の現状と今後の方針について」
http://www.cas.go.jp/jp/seisaku/nanmin/120329housin.html
難民映画祭
http://www.refugeefilm.org/

難民研究フォーラム
http://www.refugeestudies.jp/
難民交流プロジェクト
http://nanmin-kouryu-pj.jimdo.com/
難民支援協会
http://www.refugee.or.jp/
難民事業本部
http://www.rhq.gr.jp/
難民ナウ！
http://www.nanminnow.com
なんみんフォーラム
http://frj.or.jp/
PASTEL
http://ameblo.jp/pastel-passtell/
Peach Heart
http://ameblo.jp/peachheartgirls/
ふくしま集団疎開裁判
http://www.fukushima-sokai.net/
福島の子どもたちを守る法律家ネットワーク（SAFLAN）
http://www.saflan.jp/
法務省入国管理局「難民認定制度に関する検討結果（最終報告）」
http://www.moj.go.jp/NYUKAN/nyukan13-16.html
法務省入国管理局「日本の難民認定制度の概要」
http://www.immi-moj.go.jp/tetuduki/index.html
もっと日本語教室
http://blog.cocoagora.com/?cid=1
RAFIQ
http://rafiq.jp/index.html

宗田勝也（そうだ　かつや）

1966年、京都に生まれる。難民ナウ！代表。同志社大学大学院総合政策科学研究科博士後期課程修了。2004年から「難民問題を天気予報のように」をコンセプトにしたラジオ番組〈難民ナウ！〉を京都三条ラジオカフェ（FM79.7MHz）で制作。日本UNHCR-NGOs評議会（J-FUN）、世界コミュニティラジオ放送連盟（AMARC）日本協議会メンバー。主な著書に、『コミュニティメディアの未来――新しい声を伝える経路』（晃洋書房）、*Too See Once More the Stars-Living in the Post-Fukushima World*（The New Pacific Press）（ともに共著）など。龍谷大学、神戸親和女子大学で非常勤講師をつとめる。吉本新喜劇に5年間在籍していたという異色の経歴を持つ。

誰もが難民になりうる時代に

福島とつながる京都発コミュニティラジオの問いかけ

発行	2013年9月11日　初版第1刷　3000部
定価	1000円＋税
著者	宗田勝也
編集	小倉裕介
発行者	北川フラム
発行所	現代企画室 〒150-0031　東京都渋谷区桜丘町15-8-204 Tel. 03-3461-5082　Fax. 03-3461-5083 http://www.jca.apc.org/gendai/
印刷・製本	シナノ印刷株式会社

ISBN978-4-7738-1312-8 C0036 Y1000E

潜在的難民の時代に——現代企画室の関連図書

3・11後の放射能「安全」報道を読み解く　社会情報リテラシー実践講座　影浦峡＝著　1000円

放射能汚染の危険に、私たち市民はいかに向きあうのか。情報を見分け自分自身で判断するためのヒントを、気鋭の情報論研究者が実際の報道の詳細な分析を通じて解きあかす。

娘と話す　原発ってなに？　池内了＝著　1200円

原子核からエネルギーを取りだす仕組み、放射能とはなにか、原子力発電が抱える問題点を、物理学者の視点からわかりやすく解説。まず正しく知ってから、どうすればいいか考えよう。これからを生きる世代におくる一冊。

越後妻有の林間学校　2011—2012　越後妻有里山協働機構＝編　800円

2011年夏、越後の山村に、東日本大震災の被災者と、地元、都市の親子が共に楽しみ、元気になれる場所をつくろうと「越後妻有の林間学校」を開校。ワークショップや農業体験など、里山の魅力を凝縮したプログラムの記録。

一冊の本をあなたに　3・11絵本プロジェクトいわての物語　歌代幸子＝著　1800円

「被災地の子どもに絵本を届けよう」という編集者・末盛千枝子の呼びかけに、全国から23万冊を越える本が届いた。日本中の人びとが絵本に希望を託して紡いだ物語。舟越桂の愛らしい絵があしらわれた絵本のような一冊。

難民への旅　山村淳平＝著　2500円

難民とはなにか。民族とは、国家とはなにか。世界各地の難民の医療支援や調査を続けてきた医師が、難民発生の原因や社会背景を探り、難民保護および人道支援の本質に迫る。

＊価格は税抜き表示